こども文化・
ビジネスを学ぶ

白土 健・太田 実 編著

深谷野亜　鵜川 晃　中尾亮資　三沢敦子　望月義人
遠藤卓男　伊集院弘和　橘高春生　中島 智　村上裕子
関口陽介　橋本 明　井戸大輔

はじめに

「おとなは、誰も、はじめは子どもだった。（しかし、そのことを忘れずにいるおとなは、いくらもいない。）」誰もが一度は読んだことがあろう名作『星の王子さま』の冒頭の献辞で、作者のサン＝テグジュペリはこう語りかけている。

本書を手にする方は、こどもに関わる文化やビジネスに興味を持ち、その分野についてこれから学ぼうとされる方であろう。こどもは未来の宝……。その宝である、こどもたちに関わろうとされる方は、きっと、自分がこどもだった頃のことを忘れずにいる方に違いないと思う。「こどもが好き」「こどもの笑顔が見たい」そんな純粋な思いを抱いていると思う。

しかし、今日、こどもを取り巻く環境は、複雑に変化し、多くの課題が生じている。わが国では、人口減少、少子高齢化社会、IT 技術の進歩、地球環境問題の深刻化、格差社会、グローバル化が進展し、大きな激動期にある。まさに"BIG CHANGE"の時代である。環境の激変に伴って、様々な問題やリスクが頻発し、あらゆる産業の、あらゆる企業において、経営の舵取りが難しい時代となっている。歴史を振り返れば、このような激動の時代は発展の大チャンスでもある。では、"BIG CHANGE"を"BIG CHANCE"とすることができるのは、どのような企業、どのような商品やサービスであろうか。

ビジネスとは、消費者のニーズに応えることであり、消費者の満足を獲得することである。消費者の役に立つモノや便利さを提供して喜んでもらう。そのおかげで企業は存続発展していくという循環がある。こどもに関わるビジネスであれば、こどもの喜ぶこと、こどもの家族が喜ぶことを生み出すモノやサービスの提供が求められるのだ。

本書は、主に大学や短期大学、専門学校において、こどもに関わる文化やビジネスを初めて学ぼうとする方々を対象とした入門書である。I 部「現代社会とこども」では、現代のこども事情やこどもに関するビジネス、世界のこども事情などを概観し、続く II 部「こども文化・ビジネスの今とゆくえ」では、子育てや教育、アパレル、玩具、レジャー関連サービス、こども関連の出版、食事情といった具体的なビジネスの事例について詳しく解説している。本書を通じて、みなさんが次代のこども関連ビジネスのマネジメントの世界を切り拓いていただけることを願うものである。激動の時代だからこそ、やさしくこどもたちの笑顔を育んだり、あたたかくこどもたちに幸せを運んだりする担い手に育っていただきたい。こどもは未来の宝……そして、みなさん自身も未来の宝に違いないから。

最後に、本書の出版に際して、ご多忙の中、執筆にご尽力いただいた各先生方のご支援、ご協力に衷心より厚く御礼申し上げる次第である。また本文中の写真を提供してくださった方々、多くの助言をいただいた清中智子氏、川原邦子氏、出版の機会を与えてくださった八千代出版株式会社代表取締役・森口恵美子氏をはじめ同編集部のみなさまに深く感謝申し上げたい。

2016 年 9 月

白土健・太田実

目　次

はじめに　i

I部　現代社会とこども

1　こども事情と産業 ── 2
1. 「こども産業」の市場環境　2
2. 「こども産業」の動向　6
3. BIG CHANGEと「こども産業」　7

2　現代社会とこども ── 10
1. こどもとは何か　10
2. こどもビジネスに求められるもの　11

3　世界のこども事情 ── 15
1. 文化とビジネスの関係　15
2. こどもビジネスに求められるもの　16
3. 日本のこどもビジネスの課題　18

II部　こども文化・ビジネスの今とゆくえ

1　子育て事情とビジネス ── 22
1. 保育・託児サービス　22
2. 学童サービス　27

2　こどもと教育ビジネス ── 32
1. 学習塾・予備校ビジネス　32
2. 習いごと関連ビジネス　37

3　ベビー・こども服市場 ── 45
1. ベビー・こども服の特長　45
2. ベビー・こども服ビジネス　49

4　玩具・娯楽事情 ── 52
1. おもちゃを取り巻く世界　52
2. こどもの娯楽としてのコンテンツ産業―テレビ・映画　56
3. あそびと遊具　60

5 レジャー施設事情 ———————————————————— 65
- 1 遊園地とテーマパーク　65
- 2 遊園地・テーマパークの戦略と課題　69
- 3 新しいタイプのレジャー施設　70

6 こども関連出版事情 ———————————————————— 75
- 1 こども自身を読者対象とした出版物　75
- 2 親を読者対象とした出版物　78

7 こどもの食事情 ———————————————————— 81
- 1 食の役割と食育　81
- 2 こどもの食事情と食ビジネス　82

索　引　89
執筆者一覧　92

Ⅰ 部

現代社会とこども

1 こども事情と産業

「保育園落ちた日本○○！！！」2016年2月、強烈なメッセージが綴られた、ある匿名ブログが注目を集めた。**育児休暇**が終わって働こうとしたら保育園に落ちた。理不尽さを感じて投稿したブログで、こう訴えた。「・・・保育園作れよ」と。一億総活躍社会を標榜するわが国において、このブログが提起した問題は、国会でも取り上げられるところとなり、子を産み育てにくいわが国の現状を露呈した。

わが国で少子高齢化が叫ばれて久しい。少子高齢化の進展は、人口減少社会の到来を意味し、人口の減少は国内市場の縮小要因となり、経済の成長を阻害する懸念があるとも考えられている。つまりモノやサービスを買ってくれる人が少なくなるから、モノやサービスが売れないということだ。ただ、すでにこども人口が減少している今日、こどもを取り巻く産業が衰退し続けている一方なのかといえば、一概にそうとはいえないのである。前述の投稿に見られる「**保活**」事情の背景にあるのは、保育所不足、保育士不足による**待機児童問題**である。この問題に対し、国は小学生の学童保育を含めた待機児童解消に向けた**子育て支援**の動き——保育の受け皿の確保のための施設整備促進、認可を目指す認可外保育施設への支援、保育士確保のための施策等々——を加速させ、保育関連業界にとって強力な追い風となっている。

では、少子化という流れの中で、こどもを取り巻く様々な産業は、どのような動向が見られるのだろうか。本章では、人口動態等のデータからこども産業の市場環境に触れ、次いでこども産業の動向を概観し、その展望を探ってみたい。

1 「こども産業」の市場環境

1）高齢化が進展する中、生まれてくるこどもは減少

わが国の総人口は、2008年12月の1億2809万9000人をピークに、若干の増減を繰り返しながら2015年12月1日現在、1億2710万3000人まで減少した。これは出生率が低下する一方、高齢化の影響で死亡率が増加しているためである。

2016年1月1日に厚生労働省が発表した「平成27年（2015）人口動態統計の年間推計」によれば、2015年の出生数は100万8000人（以下、2015年の値は推計）で、5年ぶりに増加に転じ、1899年以降、統計が残る年の最小であった前年（2014年）の100万3935人を若干上回ったが、100万人割

育児休暇：「育児休業」ともいい、子を養育する労働者が取得できる育児を目的とした休暇のこと。「育児休業、介護休業等育児又は家族介護を行う労働者の福祉に関する法律」（育児・介護休業法）に基づく制度で、企業が独自の制度を設けている場合もある。

保活：4月にこどもを保育所に入れるため、保護者が事前に行う活動。保活に失敗すると職を失いかねないことから、倍率の高い都市部では、妊娠中から役所などで保育所に関する情報を収集したり、仕事に復帰するに当たり選考に有利なように勤め先に就労条件の変更を求めたり、果ては偽装離婚までしたという壮絶な実態も聞かれる。

待機児童問題：女性の就業者の増加に伴い、保育を必要とするこどもの人数が増えたが、受け皿の増加を上回ったために起きた問題。また近年の保育士不足は、給与など待遇面の問題から深刻化しており、施設整備と人材確保の両面での対策が求められている。

子育て支援：国を挙げて少子化対策を急ぐわが国では、2012年8月「子ども・子育て支援法」「認定こども園法の一部改正法」「子ども・子育て支援法及び認定こども園法の一部改正法の施行に伴う関係法律の整備等に関する法律」が成立。この「子ども・子育て関連3法」に基づいて「子ども・子育て支援新制度」がスタートした。また制度ごとにバラバラな政府の推進体制を整備するため内閣府に「子ども・子育て本部」が設置された。制度の概要は内閣府のHPを参照のこと。

れは目前だ。40数年前の第二次ベビーブームの最中の1973年（昭和48年）の209万1983人に比べると約半数にまで減少しているのである（図表Ⅰ-1-1）。

一方の死亡数は、初めて130万人を超える130万2000人となり、戦後最多を更新した。出生数から死亡数を減じた「自然減」は29万4000人、9年連続、過去最大の減少幅となった。また婚姻件数は63万5000組と戦後最少を更新、離婚件数は22万5000組であり、2002年をピークに減少傾向にあったが、2014年より約3000組増えている（図表Ⅰ-1-2）。

同省によれば、出生数が増加に転じた要因を「30代前半の女性の出産数が増えた。雇用情勢が好調なこと、保育所の整備など子育て支援策が進んだことなどが影響したとみられる」と分析している。

> **ベビーブーム**： 新生児の出生が一時的に急増する現象のこと。日本では第二次世界大戦後の1947～1949年が第一次ベビーブーム、3年間の出生数は約805万人。1971～1974年が第二次ベビーブーム、4年間の出生数は約816万人。第一次ベビーブームの世代を「団塊の世代」、第二次ベビーブームの世代を「団塊ジュニア」と呼ぶ。団塊の世代が、高齢者の仲間入りをしたことで4人に1人が高齢者となっているが、団塊の世代は高額なおもちゃや洋服、知育用品、レジャーなど、孫への消費活動が活発な傾向がうかがわれる。

図表Ⅰ-1-1　出生数および合計特殊出生率の年次推移

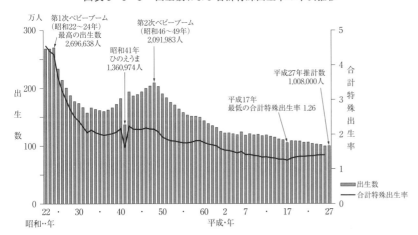

図表Ⅰ-1-2　人口動態総覧の年次推移

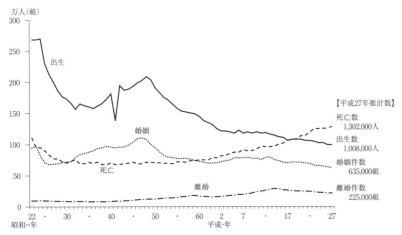

出典：（図表Ⅰ-1-1・図表Ⅰ-1-2）厚生労働省『平成27年（2015）人口動態統計の年間推計』。

2）総人口に占めるこども人口の割合は低下の一途

2016年4月1日現在、わが国の総人口（概算値）は1億2698万人、うち**年少人口**は1605万人、**生産年齢人口**は7659万人、老年人口（65歳以上人口）は3435万人である（総務省統計局『人口推計　平成28年4月報』2016年4月20日）。

次にこどもの数の内訳を詳しく見てみると、前年に比べ15万人少なく、1982年から35年連続減少、過去最低だった。男女別では、男子が822万人、女子が782万人、男子が女子より40万人多く、女子100人に対する男子の数（人口性比）は105.1である（図表Ⅰ-1-3）。

年齢3歳階級別では、0～2歳が307万人（総人口に占める割合2.4%）、3～5歳が316万人（同2.5%）、6～8歳が318万人（同2.5%）、9～11歳が321万人（同2.5%）、12～14歳が342万人（同2.7%）となっている（図表Ⅰ-1-4）。これを未就学の乳幼児（0～5歳）、小学生の年代（6～11歳）、中学生の年代（12～14歳）の3つの区分でみると、それぞれ623万人（同割合4.9%）、640万人（同5.0%）、342万人（同2.7%）となっている（図表Ⅰ-1-4）。総人口に占めるこどもの割合は12.6%で、42年連続して低下している。

> **年少人口**：年齢層の区切り方はいろいろあるが、14歳以下の人口を年少人口という。15歳という年齢が、中学3年生または中学卒業後、誕生日を迎えるまでの年齢に当たることから、義務教育終了前までを一つの年齢層とした区切り方である。
>
> **生産年齢人口**：15歳以上、65歳未満の人口。経済学用語で、生産活動に就くことができる年齢層の人口のこと。生産年齢人口の減少、つまり働き手が少なくなっているという現象は、国の経済成長が鈍化していくことを意味する。

図表Ⅰ-1-3　男女別こどもの数（15歳未満）

		2016年4月1日現在	2015年4月1日現在	2014年4月1日現在	2013年4月1日現在
こどもの数（万人）	男女計	1605	1620	1633	1649
	男	822	830	836	844
	女	782	790	797	804
	人口性比	105.1	105.0	105.0	105.0
総人口（万人）	男女計	12698	12713	12714	12735
	男	6176	6182	6182	6194
	女	6522	6531	6532	6542
	人口性比	94.7	94.7	94.6	94.7
総人口に占めるこどもの割合（%）		12.6	12.7	12.8	12.9

注：数値は単位未満を四捨五入しているため、合計の数値と内訳が一致しない場合がある。

図表Ⅰ-1-4　男女、年齢3歳階級別こどもの数（2016年4月1日現在）

		こどもの数	未就学の乳幼児（0-5歳）		小学生（6-11歳）		中学生（12-14歳）
			0-2歳	3-5歳	6-8歳	9-11歳	
人口（万人）	男女計	1605	623	307	316	640	318	321	342
	男	822	320	158	162	327	163	164	175
	女	782	303	150	154	312	155	157	167
総人口に占める割合（%）		12.6	4.9	2.4	2.5	5.0	2.5	2.5	2.7

出典：（図表Ⅰ-1-3・図表Ⅰ-1-4）総務省統計局『「人口推計」—統計トピックス』。

3）将来も右肩下がりのこども人口

将来推計人口によれば、わが国の人口は2048年には1億人を割って9913万人となり、2060年には8674万人、うち年少人口は791万人、生産年齢人口は4418万人、老年人口は3464万人と推計している（2010年の国勢調査をもとに推計。2012年1月発表）。つまりこどもの数（15歳未満人口、以下同じ）は、2016年から2060年までの44年間で1605万人から791万人へと半数以上の814万人減少し、高齢者は3435万人から3464万人へと29万人増え、人口に占める割合は39.9％になるという予測だ。少子高齢化が加速し、こども市場に影響を与える最も大きな要因であるこども人口が右肩下がりに減少を続けると、この数値はわが国の衝撃的な未来を物語っているのである。

4）教育費の負担感増大が少子化の一要因に

以上のような状況から見えてくるのは、この先、わが国のこども市場は、市場規模の縮小が続くという厳しい現実である。出生率は、主に「未婚化」「晩婚化」「晩産化」の進行により低下してきたといわれているが、国立社会保障・人口問題研究所が実施した「**出生動向基本調査**」（第14回・2010年）によれば、予定こども数が理想こども数を下回る理由として最も多いのは「子育てや教育にお金がかかりすぎるから」であり、わが国では子育てにかかる経済的な負担の大きさが深刻な問題といえる。文部科学省が2015年12月に発表した「**子供の学習費調査**」（2014年度）では3歳の幼稚園入園から高校までの15年間を全て公立に通ったとしても総額は523万円だという（図表Ⅰ-1-5）。こういった子育て、教育にかかる費用の家計への圧迫が少子化に拍車をかけている。では、こども産業に明るい未来はないのだろうか。

将来推計人口： 将来の出生、死亡等について仮定を設け、これらに基づいてわが国の将来の人口規模や年齢構成等の人口構造の推移について推計したもので、国立社会保障・人口問題研究所が行っている。都道府県、市区町村の地域別将来推計人口も発表されている。この将来推計人口をもとに、少子化対策などの様々な政策が立案される。

出生動向基本調査： 国内の結婚、出産、子育ての現状と課題を調べることを目的に、ほぼ5年ごとに実施されている調査。夫婦と独身者を対象に実施。

子供の学習費調査： 文部科学省が1994年から開始した「保護者が子供の学校教育及び学校外活動のために支出した経費の実態をとらえ、教育費に関する国の施策を検討・立案するための基礎資料を得るため」の調査。2年ごとに実施され、調査事項は、学校教育費、学校給食費、学校外活動費など。

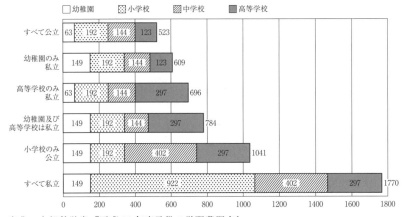

図表Ⅰ-1-5　幼稚園3歳から高校第3学年までの15年間の学習費総額（万円）

出典：文部科学省『平成26年度子供の学習費調査』。

2 「こども産業」の動向

1)「こども産業」の定義

　まず「こども産業」の定義について試みたい。「日本標準産業分類」に「こども産業」という分類は見られない。「**こども**」についても、法律や関係機関によって異なる定義が用いられ、時代背景や社会環境、地域・文化などによってもその定義は変化する。また、「こども産業」に類似する言葉として、「**キッズビジネス**」という言葉が用いられることもある。本章でいう「こども」とは、義務教育修了（中学生）までを中心としている。よってここでいう「こども産業」とは、こどもが生まれてから中学校を卒業するまでに購入される商品やサービスを提供する産業を指している。

　関連する主な業種・業界は、ベビー用品（出産・育児用品、食品、衣料品・身の回り品、玩具・知育・情報、出版物、関連サービス等）、こども関連ビジネス（娯楽用品・レジャー、教育サービス・用品、食品、衣料品・身の回り品、日用品・生活雑貨、出版物、関連サービス等）などがあり、多岐にわたっている。

2) こども関連商品・サービスの動向

　冒頭、保育関連業界に追い風が吹いていると述べたが、こどもを取り巻く産業への追い風は、これだけではない。1990年代後半に「6ポケット」という言葉が使われ始めた。こども1人に対して、"両親""両祖父母"の合計6人の財布があることを指しているのだが、最近では、金銭的に余裕のある独身の"おじ"や"おば"のポケットも追加され、その数は8つとも、10ともいわれるようになった。さらに孫と祖父母だけで買い物や旅行を楽しむ「親抜き消費」が広がるなど、こども1人当たりの消費は増加傾向にあるといわれている。

　ベビー市場に目を向ければ、わが国の出生数は減少傾向にあるものの、粉ミルクや紙おむつ、こども服など、訪日外国人が安全・安心な日本製の消費財を大量に買い求め、新たな需要を創出している。また、グローバル人材の育成強化（英語教育の強化）に関連したビジネスや規制緩和等による保育園・託児所・学童保育への民間企業の参入、2020年の東京オリンピック開催決定が後押しとなりスポーツ教室が盛況となるなど、こども関連産業で需要が拡大している業界もある。

　こども関連産業の市場規模はここ10年、日本経済が冷え込んだ間も12兆円前後で推移してきた（矢野経済研究所の調査）。さらに国内のみならず、中国など海外市場へ進出する企業も相次ぎ、今後のグローバル展開に期待が寄せられている産業の一つでもある。しかし、こどもを巡るビジネスも他の業界同様、競合の激化によって「勝ち組」と「負け組」に分かれているのも事実である。

こども：　一口に「こども」といっても、「こども」と呼ばれる中に含まれる言葉としては、乳児、幼児、児童、少年・少女、青年、未成年者など、様々な表現がある。どこからどこまでを、何歳までを「こども」とするのかは、関係する法律やマーケティング活動によるセグメント（区分）などによっても異なる。例えば、多くの公共交通機関のこども料金は、小学生は半額、未就学児は無料など、「こども」が示す年齢層を小学生以下としている。

キッズビジネス：　本来「キッズ（英：kids）」とは、「こどもたち」また「若者たち」という意味である。わが国でキッズビジネスが対象とする年齢層は、3歳〜小学生を示すケースが多いが、義務教育修了までの中学生以下を対象とする場合もある。またキッズ市場を「新生児」「ベビー」「トドラー」「スクール」「ローティーン」などに細分化され、それぞれの市場特性に合わせた商品開発が行われる場合もある。

日本国内の百貨店や量販店では、ベビー服・こども服の販売不振が続いている。高額なブランド服が売れず、大手アパレルが撤退する中、ユニクロやGAP、しまむら、西松屋など、ファストファッション系やネット通販の売り上げは堅調といわれている。だが安価な商品だけが売れているわけでもない。ベビー服・こども服で独自のブランド力を持つミキハウスは国内では訪日外国人向け商戦が特に好調で、海外での店舗展開も順調、就活生の人気企業ランキングに名を連ねるようになった「勝ち組」企業だ。レジャー施設では、児童を対象にした職業体験型のテーマパークで成功している「キッザニア」が人気を博す一方、閉園に追い込まれた老舗遊園地も数知れない。今後も生き残りを賭け各企業の舵取り能力が問われるところだ。

③ BIG CHANGEと「こども産業」

　現代の母親は、仕事に育児、家事と超多忙である。しかし、こどもにかかる消費生活については、楽しみを見出しているようだ。住居費、光熱費、食費のほかに、服飾費、娯楽交際費、通信費、教育・進学貯金など、いずれも一大関心事である。消費は、限られた家計の中で清廉を尊ぶ道に反する「卑しいこと」とされてきた。加えて環境問題の意識の高まりから現代では「買わないこと」が有資源に大きく寄与されもする等、子育て消費に限らず、消費自体が諸悪の根源とされやすい。果たしてそうであろうか？

　元来、消費は楽しいものである。消費は人生を豊かにしてくれるのである。消費は欲望から、欲望は好奇心から起きるものである。「わが子にあの服を着せたらどうだろう」「あの玩具をプレゼントしたらどんな笑顔が返ってくるだろう」、そんな想像が欲望となり、それが消費につながるのだ。つまり消費とは、人生や生活を楽しむための行為なのである。

　少子化で、市場の多くが停滞を余儀なくされている現状の中で、日々変化する消費者の満足を獲得し、売り上げを拡大するには、直接的な競合他社からのシェア奪取、あるいは新たな市場・機会の開拓による間接的な競合からの奪取が必要となる。その実現の手段として、短期的な効果しか期待できない価格競争やリスクの大きい新商品・新サービスの開発以外にも道はあるのではないだろうか。例えば、既存の経営資源であるブランドの活用も一つの方法だろう。

　現代は、人口減少、少子高齢化、国際化、高度情報社会（IT化）、環境問題への意識の高まり、女性の社会進出、格差の広がり等、"BIG CHANGE"の時代である。高度経済成長から高度成熟時代を経て、消費者は物質的豊かさの維持と精神的安心感の保証を求めている。少子化の時代を背景に、生活者の価値観の変化、社会環境の変化、時代の変化等、こ

の一大変化を一大チャンスとするか、変化に対応できず淘汰されるのか、こども産業が生き残っていくためは、まずは魅力ある独自のテーマを掲げることである。そのテーマとは、分かりやすさと親しみやすさプラス安心・安全・上質なブランドにすることである。こどもへの想い、親への想い、そして未来を担うこどもたちの笑顔を創りたいという真心を持つことが大切である。

　こどもに関わる事業が持続的に発展し衰退期を迎えないためには、時代の移り変わりとともに商品の姿もまた変わっていくのであろう。しかし、どんな時代になろうとも、人々に夢を与え、消費者の満足を獲得しなければならないのである。「こども産業」が未来のこどもたちにとって輝かしいものであり、こどもたちに明るい希望を与える業界として、これからも継続・発展することを強く願わずにいられない。

参考文献

秋山義継編著『企業経営とマネジメント』八千代出版、2014年
厚生労働省HP『平成27年（2015）人口動態統計の年間推計』
　　http://www.mhlw.go.jp/toukei/saikin/hw/jinkou/suikei15/
国立社会保障・人口問題研究所『日本の将来推計人口（平成24年1月推計）』
　　http://www.ipss.go.jp/syoushika/tohkei/newest04/sh2401top.html
首相官邸HP『待機児童対策』http://www.kantei.go.jp/jp/headline/taikijido/
白土健「少子化時代における『こども産業』の現況」『大正大学人間環境論集』第2号、
　　50-67頁、2015年
白土健・青井なつき編著『なぜ、子どもたちは遊園地に行かなくなったのか』創成社新
　　書、2008年
白土健・望月義人編著『観光を学ぶ』八千代出版、2015年
総務省統計局『人口推計の結果の概要』http://www.stat.go.jp/data/jinsui/2.htm
総務省統計局『統計トピックス（人口推計）我が国のこどもの数―「こどもの日」にち
　　なんで―』http://www.stat.go.jp/data/jinsui/topics/index.htm
内閣府HP『子ども・子育て本部』http://www8.cao.go.jp/shoushi/
『日経マガジンスタイル』2014年9月23日号
はてな『はてな匿名ダイアリー』http://anond.hatelabo.jp/20160215171759
「母親が思わずハマる『子育て消費』のツボ」『日経消費インサイト』2014年4月号
文部科学省HP『平成26年度子供の学習費調査』
　　http://www.mext.go.jp/b_menu/toukei/chousa03/gakushuuhi/1268091.htm
矢野経済研究所『2014年版　子供市場総合マーケティング年鑑』矢野経済研究所、
　　2014年

Check
- □ 少子高齢化が進むことによって起こる問題について述べてください。
- □ わが国でなぜ少子化が進んでいるのか、その要因について挙げてください。
- □ ベビーブームについて説明してください。
- □ 少子化を止めるためには、どのようなことが改善されたらよいと思うか述べてください。
- □ 「こども産業」とは、どのような産業か説明してください。
- □ 「6ポケット」について説明してください。
- □ 「親抜き消費」について説明してください。
- □ 「こども産業」にとって追い風と考えられる要因にはどのようなことがあるか挙げてください。
- □ あなたが、今日の「こども産業」の中で景気がよいと思う業界あるいは企業を挙げて、なぜそのように思うのか、理由を述べてください。
- □ 今後、「こども産業」が発展するために重要だと思われることを述べてください。

2　現代社会とこども

　人は自分の直接体験から物事を理解し、「知った気になること」は珍しいことではない。しかし、本当に分かっているのだろうか？

　私たちは誰もがかつてこどもであった。そのため、こどもを理解するのは簡単であると考えているかも知れない。しかし、テレビがない時代や携帯電話がない時代のこどもの暮らしを想像することができるだろうか？実際にテレビや携帯なしに1週間生活をすることになったら、みなさんなら何をするのだろうか？

　社会が変われば、そこで生きるこどものあり様や捉え方は大きく変化をする。人間とは何か、こどもとは何かを改めて考えたことがあるだろうか。

　人間の成長には、生物学的な把握と文化的な把握の2つがある。身長や体重の増加といった成長の生物学的把握は、どの時代も普遍的に存在する。しかし意味や概念は、社会や時代によって変化をするのである。

　還暦を例にしてみよう。60歳（または61歳）を還暦として祝う習慣は、江戸時代には一般的に受け入れられていた。昔も今も、産まれてから60年間の長さは変わらない。しかし還暦という区切りの受け止め方は、時代によって大きく変化をする。江戸時代の平均寿命を正確に計算することはできないが、30〜40歳くらいであったとする説も多い。男性の平均余命が60歳を超えたのは1951年生まれ（厚生労働省簡易生命表）からであり、江戸時代の60歳は祝うに十分値する区切りであった。還暦は現在も、人生の区切りとして残っている。しかし平均寿命が80歳を超える現在、60歳は単なる通過点にすぎず、還暦を祝う方がまれになった。

　年齢はどの時代も変わらないが、受け止め方は時代によって異なる。「未熟なもの・大人の庇護が必要なもの」といった大人と異なる意味を持つ"こども"の存在は、時代や社会によって作り出されたものなのである。

1　こどもとは何か

　例えばフランスの社会史家**アリエス**は『〈子供〉の誕生』の中で、産業化という社会変化により、大人とは異なる存在である〈子供〉という概念が誕生したことを指摘した。産業化以前の社会では、こどもの多くは親の家業を継いでいた。そして親の手伝いをしながら、社会人として必要なことを日々吸収して育っていった。こうした形で成長をする社会では、大人とこどもの境界線は非常に曖昧なものであった。しかし産業化により、家業を継がずに工場や会社で働く若者が増加し、読み書き能力と書物を通じ

アリエス（P. Ariès, 1914-1984）: こどもや死、家族など、それまでの歴史学があまり目を向けなかった領域に取り組んだ。ほかに『〈教育〉の誕生』（藤原書店）などがある。

た知識の蓄積が必須となる。そのため、エリート層しか希望をしなかった進学を多くの人々が望むようになり、働かずに将来のために学校で学ぶ時期（学齢期）が人々の**ライフサイクル**の中に定着する。その結果、働かねばならない大人と働かせてはいけないこどもといった境界が生まれたとする。

　アリエスは産業化による人々の心性の変化を指摘したが、アメリカの教育哲学者**デューイ**は、産業化に伴いこどもたちの生活から失われたものを補う教育を学校現場で実践した。第一次産業中心の社会では職と住が近接しており、家庭は生産の場でもあった。こどもたちは生活の中で多様な体験をし、作業の中から将来に必要なことを体得していったものである。そのため、産業化によってこどもの成長から失われた**作業（occupation）を通じた学び**を小学校に取り入れ、**児童中心主義の教育**を展開した。

　しかしその後、再びこどもと大人の境界は揺らぎ始める。情報化社会の到来である。現代社会では、テレビや動画を利用して活字に頼らない形で情報を入手することができる。それと同時に、かつての印刷された書物など限られた"正しい"情報から、ネットの中で氾濫する、正しいかどうか不確かな情報へと変化したため、**メディアリテラシー**が必要となる。加速度的に知識が進化をするうえ、平均寿命が80歳を超えた現在、学校が教える知識はすぐに古びてしまう。現代社会で必要とされる能力は、自分が必要な情報にたどり着く能力や情報の正誤を見抜く力であり、日々進化するICT（Information and Communication Technology）に順応する能力である。こうした能力において、大人の優位性は保たれない。そのため、再び大人とこどもの境界が揺らいだと、ポストマン（N. Postman, 1931-2003）は指摘する。

2　こどもビジネスに求められるもの

　ビジネスにおいて、顧客のニーズを満たす商品開発が重要であることはいうまでもない。こどもビジネスを手掛ける者は当然、こども目線に立とうと努力をするだろうが、これは簡単なことではない。

　われわれは誰もがこども期を経験している。しかし大人になるにつれ、こども心を忘れてしまうものである。こどもの頃、何か潜んでいるのではないかと本気で暗闇におびえた経験がある人もいるだろう。だが過去を振り返り暗闇におびえたことを思い出しても、大人となった私たちが同じ感覚を持って暗闇におびえることはできない。世の中のことを学びいろいろなことを知るにつれ、みずみずしい感受性や豊かな想像力は失われていくものである。こども目線に立つことは、大人である私たちにとって非常に難しいことなのである。

ライフサイクル（Life Cycle）：心理学者のエリクソンの『ライフサイクル、その完結』（みすず書房）の出版以降、一般に浸透した単語。人の一生は一人ひとり異なるが、社会ごとに共通のパターンを生きるものであり、人の一生を段階・時期に分けて捉える見方。

デューイ（J. Dewey, 1859-1952）：教育学を実験科学として捉え、実験学校（practice school）を開設したことでも知られる。主著『学校と社会』は、児童中心主義に基づく自らの教育実践についての講演会の内容をまとめたもの。大正自由教育・戦後の学校教育など、日本に与えた影響も大きい。

作業（occupation）を通じた学び：表現は異なるが、現在同様の視点として体験学習の重要性が指摘されている。学校における「総合的な学習の時間」だけでなく、例えば「青少年体験活動奨励制度」（http://www.japan-youth-award.net/）のような、地域における体験活動推進プロジェクトが進められている。直接体験を通じて、主体的な学びを学ぶだけでなく、自尊感情に対しても肯定的な影響が見られるという調査結果もある。

児童中心主義の教育：大人や教科書中心の伝統的な教育を批判し、こどもの自発的な学びを重視し、こどもの興味関心に基づいた教育を目指すものである。しかし一斉教授を特徴とする日本の学校教育の中で、実践に結びつけることは非常に難しい。

メディアリテラシー（media literacy）：情報メディアを主体的に活用する能力のこと。情報化社会において、情報におどらされないためにも、情報の真偽を見抜く能力は不可欠である。現在日本の小学校教育でも、国語や社会科の中にこの視点が組み込まれている。

さらに難しい点は、こどもビジネスにおいてこどものニーズは、保護者や社会というフィルターに通されることである。このフィルターは、①こどもという時期への配慮、②大人社会が次世代に何を与えたいか、という2点の異なった要素が働く。

１）こどもという時期への配慮

前述したように、大人とこどもの境界が揺らいでいるのが現代社会である。かつてよく聞かれた「こどもなのだから、早く寝なさい」「こどもは大人の話に首を突っ込まない」といった、大人とこどもを隔てるセリフを耳にすることも少なくなった。

こうしたこどもと大人の境界の揺らぎは、家族関係にも見ることができる。1990年代半ばから、**友達親子**と呼ばれる親子関係が注目されてきた。親がこどもを自分と対等に扱う、友人のような親子関係である。親という役割を意識すれば、こどもの未来のため必要な時には叱らなければならないし、親離れの時期が来ることを覚悟しなければならない。しかし、友だち関係であれば、いつまでもずっと仲よくいられるのである。こうした親役割を降りた親子関係は、親にしても心地いい関係であろう。しかし現代社会でそうなりつつあるからといって、それがこどもにとって好ましいあり方とは限らない。親とこども／大人とこどもの関係は、どうあるべきなのだろうか。

当たり前のことであるが、様々な知識や経験を経た大人と限られた知識や経験しかないこどもでは、同じものについてもまったく異なる受け止め方をする。例えばあそびについて、大人とこどもでは意味が異なる。大人にとってのあそびとは、本業の外にあることが多い。就いた職業がどんなに自分が就きたかった仕事であったとしても、仕事である以上そこにストレスが発生する。そのストレスを、暴力的な映画を見て発散する者もいるだろう。大人にとって、実際に暴力を振るえば失うものが多く、実行不可能であると分かっている。だからこそ、純粋にファンタジーとして暴力シーンを楽しむことができる。しかし知識も経験も乏しいこどもにとっては、あそびこそが学びである。こどもはあそびの中から様々な知識を学ぶだけでなく、運動能力を高めたり、対人関係の持ち方を学んだりもする。そして暴力的なシーンからは、暴力という手段や暴力の快楽を学んでしまう危険性がある。だからこそ、こどもに対するあそびの提供には教育的視点が必要である。この一例として、**映画のレイティングシステム**が挙げられよう。こどもも暴力シーンを好み、大ヒットするかもしれない。しかしこども期の特徴を考えれば、こどもの好みより教育的配慮が優先される。こどもに悪影響を与える内容が含まれた映画視聴を年齢で制限することで、こどもの未来を守っているのである。

友達親子：親としての権威を避け、こどもとの対等な関係性を作ることで、密な親子関係を築くものである。しかし、友達親子はこどもの自立を阻害する等、否定的な意見も多い。

映画のレイティングシステム（rating system）：映画の内容を審査し、その映画を見ることができる年齢制限の枠とその規定を意味する。日本ではG（一般指定）・PG12（12歳未満の場合、成人保護者の指導や助言が必要）・R15＋（15歳未満禁止）・R18＋（18歳未満禁止。地上波放送はほぼ不可能）という4段階に分けられ、映画倫理委員会が審査を行っている。性・暴力・残酷さといった刺激が強いものや、麻薬・殺人など反社会的行為が審査の中心となる。

2）大人社会が次世代に何を与えたいか

　こどもは、次の時代の社会の担い手であり、こどもがどう育つかによって、未来の社会が作られていく。現在のこどもを取り巻く環境が、理想の社会の実現につながることを忘れてはいけないだろう。

　おもちゃを例に取り上げてみよう。日本ではリカちゃん人気に押されているが、世界で最も有名なファッションドールはバービーであろう。1959年にアメリカで発売されたバービー人形は、150を超える国と地域で発売され、発売総数は10億体を超える。

　青い目にブロンド、完璧なラインを持ったバービー人形のようになりたいと憧れるこどもも多い。しかし魅力的に見えるバービーの体型は、現実離れをしている。例えば、実際のアメリカの女性の平均ウエストは32〜34インチ（約80〜85cm）であるが、バービーのウエストを人間サイズになるよう計算するとわずか16インチ（約40cm）にすぎず、内臓が入る場所がないという。

　無論、マテル社はバービーのような姿の大人になってほしいと思って販売をしているわけではない。しかしこどもたちは本や人形から**隠れたメッセージ**を読み取り、内面化してしまう。バービーを幼少期の身近な友としてあそぶ少女たちは、大人となった時の自分とバービーを重ね合わせてしまう。しかし、大人になってもバービーのような容姿にはなれないため、自分の外見が酷く醜く劣ったものに見えてしまう。このように、少女たちの自己評価にバービーが悪影響を及ぼしていると指摘する研究も少なくない。また極端な例ではあるが、肋骨を何本もとりウエスト40cmを目指すなど、整形手術を行いリアルバービーになろうとする者すらいるのである。

　こうした批判に応え、2016年からファッショニスタシリーズが販売される。従来の体型のほか、「長身」「小柄」「ふくよか」の3体型、肌の色も7色展開で用意される。このシリーズが売れるかどうかは分からない。しかし販売に際して、女児や親に対して、幅広い美を示す責任があるとマテル社がコメントしているように、新たなバービーの販売は、**自尊感情**が高い青少年を育てる一助になるかもしれない。

　こどもは社会の希望である。こどもと大人・社会の関わりがどうあるべきかを示すものに、1989年に国連総会で採択された「**児童の権利に関する条約**」がある。この条約では、こどもに関連する決定／選択をする場合、こどもにとっての最善の利益となる選択をすることが、大人・社会の責務であるとする。こどもビジネスに携わるものは、【こどもの最善の利益とは何か】を改めて考えていく必要があるのではないだろうか。

隠れたメッセージ：　学校教育では、隠れたカリキュラム（Hidden Curriculum）と呼ばれる。学校の正式なカリキュラムにはなく、教育する側が意図する・しないにかかわらず、児童生徒自らが学び取っていくもの。

自尊感情：　self-esteem の訳で、自己肯定感とも訳される。短所も含めて自分自身を受け入れ、自分は価値があり尊重されるべき存在であるという感覚。自尊感情が高いこどもは、学習意欲が高く、友人や大人との関係が良好といった特徴があるが、各種調査から、日本の青少年の自尊感情の低さが問題となっている。

児童の権利に関する条約（子どもの権利条約：Convention on the Rights of the Child）：　こども（18歳未満）の基本的人権を国際的に保障するために定められた条約。前文と本文54条からなり、生きる権利・守られる権利・育つ権利・参加する権利という4点を柱としている。日本は1994年、158番目の批准国であり、2015年現在、締約した国／地域は196である。

参考文献

アリエス, フィリップ著、杉山光信・杉山恵美子訳『〈子供〉の誕生』みすず書房、1980年

デューイ, ジョン著、宮原誠一訳『学校と社会』岩波文庫、1957年

ポストマン, ニール著、小柴一訳『子どもはもういない』新樹社、2001年

Norton, K. I., Olds, T. S., Olive, S., Dank, S., "Ken and Barbie at life size", *Sex Roles*, Vol.34, Issue3, pp.287-294, 1996.

Check
- ☐ 最も幼い頃の記憶を思い出してください。その出来事について、詳細に記述をし、こども時代を振り返ってみましょう。
- ☐ こども特有の心模様を、こどもの感受性そのままに描き出した有名な作品に中勘助『銀の匙』（岩波文庫、1999）があります。『銀の匙』を読み、こどもの感覚がうまく描写されていると思う文章を探してみましょう。
- ☐ 映画のレイティング以外のこどもを守るシステムを挙げてみましょう。
- ☐ メディアリテラシーについて調べてみましょう。
- ☐ メディア教育の先進国であるイギリスのメディアリテラシー教育について調べてみましょう。
- ☐ アンデルセンの『雪の女王』を読んでみましょう。そこからどういうメッセージを女の子が受けるか、考えてみましょう。
- ☐ 映画『アナと雪の女王』は、『雪の女王』からインスピレーションを受けた作品だとされています。両者を比べ、違いを具体的に挙げてみましょう。
- ☐ おもちゃの中に、こどもの知能全般の発達を促すことを目的とした知育玩具があります。知育玩具売れ筋ランキングを調べ、どんなニーズがあるのか考えてみましょう。
- ☐ サンリオ社の長い歴史の中で、販売を取り止めたキャラクターがいくつかあります。何が問題であったのか、自分なりにまとめてみましょう。
- ☐ 「子どもの権利条約」を読み、こどもの最善の利益とは何か、考えてみましょう。

3 世界のこども事情

　日本で生まれ日本で育ったこどもと、アメリカで生まれアメリカで育ったこどもでは何が違うのであろうか。こどもはどこで生まれて育ったとしても「同じこども」であるが、実は「同じこども」とは言い切れない。こどもの生まれ育つ環境は様々であり、こどもゆえに環境の影響を受けやすい。環境が変わればこどもにも「変化」は現れるものである。どんな親に育てられると、どんなこどもになるのか、どんな国に育つと、どんなこどもになるのか、みなさんは考えたことはありますか？

　ここでいう環境の一つに養育環境があるが、こどもは親との交流を通じて、①人格を形成する、②意味（スクリプト）を獲得する、③情緒を育む、④身体的な発達を遂げる、⑤**超自我**を身につける、⑥社会の一員としての役割を学んでいく、などの力を身につけていく。日本で生まれ育ったこどもと、アメリカで生まれ育ったこどもの「変化」の一つに、コミュニケーションスタイルの違いがある。日本人は全てを言葉にして表現することよりも、言葉にできない、またはすることが難しい**暗黙知**を重んじる傾向がある。しかしながら欧米諸国では全てを言葉にしてコミュニケートするべきだと考えられており、**形式知**が重んじられる傾向がある。これらの傾向は幼少時から親やこどもを取り巻く人々、つまり社会との交流を通して身についていく。

　このようなこどもの「変化」を、感受性を高くして見ていくことがこどもを理解することであり、この理解が次に述べる「ビジネスチャンス」に繋がっていくことを意識してほしい。

1 文化とビジネスの関係

　2015年10月に**環太平洋経済連携協定**交渉が大筋で合意した。条約が発効するにはいくつかの課題が存在するが、今後、ヒト・モノ・カネの流通がグローバル規模で活発化していくであろう。日本企業もグローバル化がより重要な課題となってくる。世界を相手にビジネスを行うためには、語学力のみならず多様な**文化実践**を理解する力が必要となってくる。文化実践とは①日常生活でルーティン的に生じている意味行為、②集団精神に広く共有されていること、③物事がどのように行われるべきかについての規範的期待について知り得たこと（Miller et al, 1995）を指す。

　ではなぜ文化実践を理解しなければならないのか、こどものしつけを例にとって説明しよう。日本の幼児期のしつけの場合、大人は「こどもだか

超自我： フロイトによると人の精神構造は「イド、自我、超自我」から成り、超自我とは常に道徳的、意識的であろうとする部分である。例えばこどもは親から叱られたり褒められたりすることで、行動の良し悪しを学ぶ。成長するにつれ、「これをやっては他人に迷惑がかかるからやってはいけない」と自分で判断できるようになる。この意識が超自我である。

暗黙知： 自身の経験から得た主観的な知識であり、まだ意識化されていない明確に言葉に表すことができないものである。

形式知： 意識化されており言葉で説明、表現できる知識であり、誰もが認識可能で客観的に捉えられるものである。

環太平洋経済連携協定（Trans-Pacific Strategic Economic Partnership Agreement：TPP）： 環太平洋地域の国々による経済の自由化を目的とした多角的な経済連携協定である。

文化実践： 文化に参加することで行為の仕方のみならず、そこに畳み込まれている文化的意味を個々人が体得することによって、その意味空間の一部になることを目指した行為である。例えば、こどもを「叱る」という行為の意味、その方法は個々人および文化により異なる。

ら」と彼らの非礼に対しても寛大である。一方、アメリカのしつけは「こどもは人格を持つ一個人である」と考えているため、彼らの非礼に対して厳しく指導する。日本は「甘えの精神」を認め、アメリカは「甘えることのない精神的自立」をこどもに要求する。このようにしつけ一つをとっても国や民族によって態度が異なっており、このような違いを持っている人々に対して同様の思考が受け入れられるとは限らない。

では理解をするということはどういうことなのか。ここで必要となってくるのは文化に対処する力、つまり Cultural Competence である。Cultural Competence とは、①文化的感受性（多様性を尊重すること）、②文化に対する知識（歴史、信仰、芸術、道徳、法律、習慣などを獲得すること）、③文化的共感性（文化実践の相違を認め、相互の関係性について考えること）、④文化的に適切な関係や関わり合い（相手の文化実践をよく観察し、耳を傾け、相手の規範を理解すること）、⑤文化に即したガイダンス（ホスト社会の文化実践とその意味について説明すること）が必要の5点である（Tseng et al, 2004、曽、2006）。

つまりアメリカのこどものしつけについて、尊重する態度を持ち、なぜそのようなしつけが行われているのか文化的側面から理解を深める。しつけの方法において日本とアメリカの違いを実感する。違いを理解し受け止めるためにアメリカのしつけをよく観察し、彼らの語りに耳を傾け、その意味や規範を知る。単にアメリカのしつけの方法を受け入れるだけでなく、日本のしつけについて説明し受け入れられるもの、受け入れられないものについて話し合いを重ねる。このようなプロセスが「アメリカ人の子育てに適したサービスおよび商品」の開発に繋がるわけである。

日本人は「自文化中心主義」の民族である。自分がすでに習得し慣れ親しんでいる文化の価値観を唯一の基準とし、複数の異なる人種・民族・集団の持つ文化の共存を認める、対話を試みることが不得手な民族である。しかしながら2020年の東京オリンピック開催に向け、日本には異なる文化実践を持つヒトが流入し、新たな価値観のもとに創られたモノ、例えば商品やサービスが必要となっていくだろう。ゆえに日本人は自文化中心主義から**多文化主義**の考えを受け入れていく必要があり、このような姿勢を持つことが日本のビジネスを活性化させるのである。

多文化主義：異なる文化を持つ集団が存在する社会において、それぞれの集団が「対等な立場で」扱われるべきだという考え方または政策である。

2 こどもビジネスに求められるもの

ここではこどもの教育ビジネスに焦点を合わせ各国の現状について紹介していきたい。

1）ベトナム―過熱する教育ブーム

一般に開発途上国の発展プロセスは、政治が安定するとまずは医療・保健分野の整備に力を入れて人口の増加を目指す。次に国家の繁栄を目指し

次世代の育成・教育に力を注ぐ。最後に福祉分野が形成発展していく。文明の発展とともに教育ビジネスが興っていく様を、ベトナムの事例から学んでいきたい。

ベトナム戦争の終結時には人口5400万人（1980年）だった人口が、その後、若年層を中心に1.6倍の増加となり、8900万人となっている（2011年）。ベトナム戦争中に、アメリカ側を支援し負けたベトナム南部の人々は、戦後の階級差別で進学できなかったという経験をした人が多い。そのため自分のこどもたちにはしっかりとした教育を受けさせたいと願っており、近年各種の塾のみならず家庭教師に学んだりすることが常識となりつつあった。ここにビジネスチャンスを見出した日本公文教育研究会／公文式は、2007年にベトナム南部にあるホーチミンシティで最初の教室を開いた。公文の指導方法が口コミで評判を呼び、現在、14の教室を構えている（http://vn.Kumonglobal.com）。教科は数学のみ、月謝は約4500円である。ベトナムの大学卒業者の平均給与は月額およそ4万5000円ほどである（「International Labour Organization—2014年の給料調査」）。世帯収入の1割を占める月謝が必要であるにもかかわらず、入会待ち中のこどもの数は少なくない。ベトナム人は生き残るためには語学や数学などの実践的な能力がないとダメだと考えており、それがベトナム公文ビジネスの発展に繋がったといわれている。またベトナム公文を運営する日本人らは「ベトナムのこどもは規律正しさと芯の強さが印象的であり、親子ともにいい意味でのハングリーさがある」と述べており（梅本, 2011）、この教育ブームはますます過熱することが想像できる。

2）マレーシア―日本からの移住者の増加

1980年代、マレーシアには様々な先進国の企業が進出していた。その中には日本企業も存在していたが、次々と中国へと工場を移転していった。このような流れの中、マレーシアは自国で産業を育成することに力を入れ始め、経済省、労働省、文部省など15の省と機関が中小企業家を支援し始めた。そして、近年、日本でいう中小企業関係が目をつけたのが幼児・児童教育である。未来を見据えた経済政策で飛躍する教育システムについて、マレーシアの事例から学びたい。

マレーシアはマレー系、華人系、インド系など様々な国の文化や言語を併せ持つ人々が集まった**多民族国家**である。母語はマレー語だが英語と中国語が広く使われている。

近年、マレーシアへの移住教育がブームだという。その理由として治安がよく物価が安いのみならず、幼児期からの英語教育の充実、一つの国にいながら様々な文化（習慣）を肌で学べる環境が教育熱心な親に受けているという（野本, 2014）。また、マレーシアでは小学校から起業に関するカ

ベトナム戦争：ベトナムの独立と統一を巡る戦争であり、北ベトナムが南ベトナム軍およびこれを支援するアメリカ軍と戦い、1969年、臨時革命政府を樹立。1973年に和平協定が成立しアメリカ軍が撤退、そして南ベトナム政府が崩壊し、翌年、南北が統一された。

多民族国家：マレー系とはマレー半島、スマトラ島東海岸、ボルネオ島沿岸部などに住んでおり、マレー語を話す人々を指す。インド系とは南インド出身者、華人系とは移住先の国籍を取得しているものの中国にルーツを持つ人々を指す。

リキュラムが設けられているという。例えばバザーで自分のお店を開かせるなどし、成功するために何が必要かを学ぶ。このような教育を受けることで、大人になって起業した際に成功する確率が高くなる。一企業で働くようになっても、そのノウハウを生かす機会は多い（梅本, 2013）。このようにマレーシアは中小企業の経営において、即戦力となる人材を幼児期から育てることに力を入れているのである。

③ 日本のこどもビジネスの課題

　日本の未婚化、晩婚化、晩産化の増加に伴い、少子高齢化社会は今後も進展していくことが予想される。社会構造の変化がビジネス環境にも大いに影響を与えることはいうまでもないが、日本のこどもビジネスをグローバル規模で展開し発展させるにはどのような力が必要だろうか。事例が示唆することは、「未開拓分野の新たなニーズを読み取る力」「文化をきめ細やかに読み取る力」ではないだろうか。さらに今後、日本の経済システムに多くの外国人が参加することが見込まれる。こどもたちは幼児期から多様な文化を学ぶ環境に身を置くことが可能となろう。その中で「道具としての外国語の運用力」「様々な壁を越えて発揮できるビジネスセンス」が培われることを期待したい。

参考文献

「International Labour Organization―2014年の給料調査」ASEAN11カ国人件費調査、2014年

梅本昌夫「World Scope From Ho Chi Minh City」『AGORA』2011年

梅本昌夫「World Scope From Kuala Lumpur」『AGORA』2013年

曽文星著、鵜川晃・野田文隆訳「エスニックマイノリティ（民族少数派）のケアにおける文化精神医学の役割はなにか」『こころと文化』第5巻1号、70-79頁、2006年

野本響子「マレーシアで子育てすると、何がいいのか―『英語は道具』ということが学べる国」『東洋経済ONLINE』2014年

Miller, P. J., Goodnow, J. J., "Cultural Practices: Toward an Integration of Culture and Development", *New Directions for Child Development*, Vol.67, pp.5-16, 1995.

Tseng, W. S., Stelzer, J., *Cultural competence in clinical psychiatry*, American Psychiatric Publishing: Washington DC, 2004.

Check

- ☐ 環太平洋経済連携協定の課題について述べましょう。
- ☐ 文化実践について説明しましょう。
- ☐ Cultural Competence について説明しましょう。
- ☐ 日本のビジネスを活性化させるためにどのような力が必要か具体的に述べましょう。
- ☐ 日本が自文化中心主義から多文化主義に考え方をシフトするためには、どのような経験が必要か述べましょう。
- ☐ ベトナムの人々がどのような文化（歴史、信仰、芸術、道徳、法律、習慣）を持っているのか調べてみましょう。
- ☐ マレーシアの人々がどのような文化を持っているのか調べてみましょう。
- ☐ 開発途上国に日本のビジネスを導入するためには、事前にどのようなリサーチが必要なのか挙げてみましょう。
- ☐ 日本のこどもビジネスの課題について述べましょう。
- ☐ この章を読んで自分が興味を抱いている国で、どのようなこども教育ビジネスを繰り広げたいのか具体的に述べましょう。

Ⅱ部

こども文化・ビジネスの今とゆくえ

1 子育て事情とビジネス

　長らくわが国では成人した女性の役割は、結婚し、こどもを生み、育て、家事をこなすことと考えられてきた。しかし今日では、子育てをしながら働く「ワーキングマザー」の増加によって、子育てを社会でバックアップする仕組み（制度や施設など）が求められるようになった。では、わが国の子育て支援は、どのような状況だろうか。どのような課題があり、どのようなビジネスが生まれているのか。本章では、拡大傾向の続く子育て関連市場の現状について検証する。

1 保育・託児サービス

1）こどもの就園事情

　日本における **0歳児から5歳児** の全人口（約626万人）に対して、保育所等を利用している児童（約233万人）の割合は37.2％。つまり、小学校入学前のこどもの2.7人に1人が保育所に通っていることになる。また、**3歳以上児**（約315万人）の約95％が幼稚園か保育所に通園している中で、半数に近い児童（約144万人）が保育所に通園している。つまりほぼ2人に1人が保育所児ということになる。この数値の中には、**認可外保育施設** を利用している児童は含まれておらず、認可外保育施設を利用している園児数は20万人を大きく上回っており、保育所児の割合はさらに高まることになる。またこのほかにも待機児童が2万人以上確実に存在しており、さらには厚生労働省による「待機児童解消加速化プラン（平成25年）」によると **潜在待機児童** が40万人と想定されていることも気にとどめておきたい。当然のことながら、3歳以上の待機児童はほとんどいない。直近10年を見ても、保育所需要が爆発的に増加傾向にあり、一方幼稚園需要が大幅に減少傾向になっている。以上の状況から需要と供給のズレが生じ、待機児童問題が生じているのである（文部科学省「文部科学統計要覧（平成27年版）」および厚生労働省「保育所関連状況取りまとめ（平成27年4月1日）」より集計）。

　そんな中、保育園・託児所の市場規模は、2011年に2兆円を突破し、2014年度は2兆2400億円と推計され、今後も政府による待機児童解消の号令のもと、強力な支援が施され、市場拡大が見込まれる。これは育児をしながら働く女性が増加していることに加え、核家族化の進行や子育て支援策の充実、世論の高まり等で、市場を取り巻く環境には引き続き追い風が吹いている。

0歳児から5歳児：　保育で年齢を表す時には「●歳児」と表現する。4月1日現在の年齢を指し、当該年度中に1つ年をとる。例えば年長クラスの「5歳児」は、4月1日現在クラス全員が5歳であるが、4月2日以降はクラスの中に5歳の子と6歳の子が混在することになる。

3歳以上児・3歳未満児：　言語能力などの発達上、3歳以上は集団活動で保育が構成される。一方2歳児以下では個の活動を主体に保育が構成される。そのため保育現場では、0・1・2歳児を「3歳未満児」または「未満児」、3・4・5歳児を「3歳以上児」または「以上児」と呼ぶことがある。

認可外保育施設：　国の設置基準に従い都道府県知事に認可された保育所を「認可保育所」という（児童福祉法第35条）。一方認可されていない保育施設を「認可外保育施設」という（同法第59条）。「認可外保育施設」といえども国による一定の設置基準（認可基準とは異なる）が義務づけられる。

潜在待機児童：　保育所入園の申請をしなければ待機児童数に含まれることはない。しかし、保育所の定員枠が拡大すればこどもを保育所に入園させて自らは働きに出たいと考える親もいる。このように待機児童としては顕在化しない児童をいう。

2）就学前のこどもの居場所と市場動向

就学前のこどもたちはどんなところですごすことができるのかを確認しよう。就学前のこどもの居場所は、大きく分けて【施設保育】と【個別保育】に分けることができる。個々の概要とともに市場動向を見てみよう。

【施設保育】

（1）認可保育所　施設基準、職員の配置基準など国が設けた最低基準を満たし、都道府県知事に認可された施設。区市町村が設置する公立保育所と民間法人（社会福祉法人、株式会社ほか）が設置する私立保育所がある。親の就労など「**保育の必要性**」が入園の条件になる。公立私立の区別なく、入園申込受付・選考は一括して区市町村が行い、保育料は区市町村が設けた基準に基づき各家庭の所得に応じた額（0〜7万円程度）を負担する。通常は60名以上の定員が必要とされるが、2015年4月より、「子ども・子育て支援新制度」がスタートし、**3歳未満児**6〜19名定員の小規模保育所も認可されることとなった。ちなみに都内23区の多くの区が、保育所における0歳児1人の1か月にかかる費用は40万円を超えていると発表しており、利用者から徴収する保育料との差額（33〜40万円程度）は全て税金で補われている。財源の確保が進まないため、この点が保育所整備を阻害する理由となっている。

2000年に認可保育所の設置主体制限が撤廃され、社会福祉法人以外の民間事業者が保育所運営をすることが可能となり、また2003年には公的な施設管理を民間が受託できる「指定管理制度」も施行された。これにより、私立の認可保育所や、公設民営型の保育所が拡大し、民間事業者の参入機会が広がった。このことは、財政難の自治体にとってはコスト面でのメリットが高く、「公立保育所」が減少（2014年調査において全国の認可保育所2万4424か所中9644か所：前年に比べ389か所減）、「私立保育所」（同1万4780か所：前年に比べ775か所増）が増加している。「子ども・子育て支援新制度」では、全てのこども・子育て家庭を対象に、幼児教育、保育、地域のこども・子育て支援の質・量の拡充を図ることが謳われていることもあり、さらに需要が高まることから民間参入業者への期待が膨らんでいる。

（2）幼　稚　園　国が設けた基準により、区市町村が設置する公立幼稚園と民間法人（学校法人、宗教法人ほか）が設置する私立幼稚園がある。

入園申込受付は、公立幼稚園の場合は区市町村で行い、私立幼稚園の場合は直接希望幼稚園に申し出る直接契約制となっており、保育料も園によって異なる。日中4時間程度の保育が行われている。保育時間の短さ、給食は制度上は任意となっており、実際には弁当持参の幼稚園が多いこと（保育園は給食提供が義務）、夏休み等の長期休園が多い等のことから、ここ3年続けて毎年2万人程度ずつ園児数が減少している。多くの幼稚園では

保育の必要性：　児童福祉法第24条には「保護者の労働（略）その他の事由により（略）児童について保育を必要とする場合において、（略）保育所（略）において保育しなければならない」とある。親が就労等の事情で子を養育できない状態がある場合は全て保育が必要であるとしている。

「預かり保育（延長保育）」を実施し、就労する親を持つこどもの入園を促進し、園児減少を止めようとしている。幼稚園教諭は、幼稚園教諭免許の対象が3歳以上児であり3歳未満児の保育が行えないため、幼稚園においては0～2歳児入園は原則ない。

（3）**認定こども園**　保育所制度、幼稚園制度、認可外保育施設制度をベースに、幼稚園と保育所の機能を一体的に兼ね備えた施設。幼稚園のように4時間程度の保育を受けるこども（短時間児）と保育園のように11時間以上の保育を受けるこども（長時間児）が混在することとなる。制度上、幼稚園か保育所のどちらかの制度に基づかなくてはならないため、幼稚園型の認定こども園は0～2歳児の入園が極端に少ない傾向がある。一方、保育所型の認定こども園は、**補助金**の額の違い等から、定員は限られている以上できるだけ多くの長時間児を受け入れようとする傾向があり、保育所とあまり変わらない。現在、2015年にスタートした「こども・子育て支援新制度」では、この認定こども園を国が最も推し進めており、既存の幼稚園・保育所・認可外保育施設が認定こども園に移行するなど、その施設数は急速に増えている。

（4）**認可外保育施設**　都道府県知事に認可されていない保育施設。原則、国などからの補助金を受けることはなく、利用者から徴収する保育料で運営される。認可保育所の増設により利用者が認可保育所に流れる傾向があるため、園児の確保、維持が困難となり、施設経営が困窮しがちである。ただし、以下①・②のように一部補助金が支給されるパターンもある。

①　**事業所内保育所**　企業や病院などが従業員の福利厚生等のために独自に設置している保育施設。病院の場合は特に**院内保育所**と呼ばれる。都道府県の労働局等より補助金が一部支給されることがあるが、運営費用の多くは従業員を確保したい施設設置企業および病院が負担することになる。

②　**自治体の助成施設**　都道府県もしくは区市町村が独自の基準（対象年齢・定員構成・施設基準等）に基づいて認定し、補助金を出している施設ではあるが、認可保育所ほどの補助金ではないため、利用者の負担が大きい。しかし、認可保育所が不足し待機児童が問題となっていることから、認可外保育所に通う児童に対する補助金を出す自治体も増えてきている。しかし補助金がゼロの自治体から、認可保育所との差額をほぼ全額負担する自治体、さらには認可保育所よりも保育料が安くなる補助をする自治体までその格差は大きくなっている。

【個別保育】

（1）**ファミリーサポート**　区市町村が、地域住民を「預かる会員」

預かり保育（延長保育）：幼稚園では通常朝9時から午後2時までの保育であることが多いが、就労する保護者のために、保育が終了する午後2時以降午後5時程度まで保育を延長する場合がある。この場合複学年混合の保育であり、保育カリキュラムは組まれないことが多い。よって預かり保育と呼ばれている。

補助金：認可保育所の場合、保育所は保護者からの保育料は受領せず、保育所運営にかかる費用を全て区市町村から支弁される補助金でまかなっている。概ね、地域、園児定員数および年齢によって園児1人当たりの補助金額が異なる。

院内保育所：病院が従業員のために設置した保育所。主に看護師・女性医師の雇用確保のために設置している。職場と保育所が隣接していることが多いため、特に低年齢児の保護者にとってこどもの容態の変化に敏速に対応できる点が利点といえる。民間の保育事業者に運営を委託している場合が多い。

「預ける会員」として登録し、双方に紹介し、マッチングさせている。費用は1時間当たり800円程度と廉価だが、預かる側が空いている時間帯のみ提供するサービスであるため、預ける側としては、預けたい時にいつでも預けられるという実態ではない。

(2) 家庭的保育事業 　保育士・教員・看護師などの有資格者もしくは区市町村独自の研修履修者が、保育者個人の家庭において、3歳未満児を預かる区市町村の制度。定員が3名（一定の条件を満たせば5名）までと定められている。家庭福祉員や保育ママとも呼ばれている。少人数保育によるきめ細かい保育が特徴とされるが、認可保育所と比べると0.1％程度の規模でしかなく、まだまだ制度の展開には課題があるといわれている。

(3) ベビーシッター 　ベビーシッター会社が**登録ベビーシッター**を家庭など指定の場所に派遣して保育する。保育料は会社によって異なる。基本は保育者と利用児が1対1で行われる保育である。また、会社組織で運営されており、概ね希望の通りにベビーシッターが手配できる。1時間当たりの利用料は約2000円。保育所と同じ利用頻度で利用すると、40万円近くの費用負担となる。ベビーシッター利用に対して、国は1994年から補助を行ってきたが、2015年度から「ベビーシッター派遣事業」と形を変え、補助額も増加させた。さらには2015年度にスタートした「子ども・子育て支援新制度」により「居宅訪問型保育事業」が認可事業として位置づけられ、認可保育所と同等の保育料でサービスを利用できる制度が整ったが、まだ制度設計や行政の取り組みは不十分である。今後は、従来型の「預かり」から、教育的サービスやリラクゼーションサービス、**病児**保育、病後児保育、家事代行サービス、**ベビーホテル**とのコラボなど「付加価値の高いサービス」「多種多様なニーズに対応したきめ細やかなサービス」を提供することが必要と考えられる。

以上のように、就学前のこどもの居場所はいくつかあるが、保育所に取って代わる機能とはまだまだいえない。施設保育の拡充を図りながら、個別保育の制度設計をさらに見直していくしか方法はないであろう。

3）子育て支援

これまでは、親の就労等による「保育を必要とする」こどもに着目してきたが、この項では、子育て中の全ての世代に等しく提供する"子育て支援"という観点から考えてみる。

多くの子育て世代が抱える悩みは、「(1) 出産、子育ての不安解消」と「(2) 子育てからのリフレッシュ」の大きく2つに分かれる。

(1) 出産、子育ての不安解消 　胎児が無事に産まれすくすく育つために、国や自治体が、医療の発達を促し出産や育児の環境を整えてきたといえる（厚生労働省「平成26年人口動態統計（確定数）」より）。また、**核家族化**

登録ベビーシッター： ベビーシッター（アメリカベース）、チャイルドマインダー（イギリスベース）の資格があり、サービス向上に努めている。

病児： 就労している親にとって、こどもが病気にかかった時の預け先の有無は切実な問題である。親が仕事を休めない時に、病気のこどもの世話をしてくれるのが「病児保育」である。病児保育は「施設型」と「訪問型」に大別されるが、ニーズの高まりとともに、国や自治体が力を入れ始め、今後も施設の増加が見込まれている。認定こども園の中には、病児保育室を設けるなど、病児保育・病後児保育に対応する施設も見られる。一般に、病児保育を行う担当者は「病児保育士」と呼ばれるが、現在、国家資格はない。ただし、専門性の高い病児保育を目指し、2013年度に「病児保育専門士」（一般社団法人全国病児保育協議会が認定）と「認定病児保育スペシャリスト」（一般社団法人日本病児保育協会が認定）が創設された。

ベビーホテル（問題）： 全体として縮小傾向にありつつも、宿泊可能で、手続簡便で自由が効くベビーホテルは、劣悪な環境であろうと不規則勤務で従事する者やシングルマザーの人々にとっては不可欠な施設。

核家族化： 戦前は、祖父母・両親・こども3世代が同じ家屋で暮らすスタイルが主流であったが、戦後の高度経済成長期以降、親元から離れ大都市圏で大学生活や就職をするケースが増えた。その後結婚・出産を経て2世代のみの家族が構成されていった。細胞の核が分裂する様態になぞらえてNuclear Family（核家族）といわれる。

や**都心回帰**による「子育ての孤立化」への対策にも一定の施策を投じてきた。主なメニューは以下の通り。

○妊婦検診事業：　妊婦の健康の保持および増進を図ることを目的とする。
○乳児家庭への全戸訪問事業：　概ね生後4か月までの乳児家庭へ訪問し、養育環境の把握、子育て情報提供を行う。
○家庭児童センター相談事業：　子育ての相談を受付、必要機関への繋ぎを行う。
○子育てコンシェルジュ：　待機児童問題の一つがマッチングの問題なので、保育園だけでなく保育ママなど、セカンドベストであったとしてもよりよい保育施設、保育手段を紹介する案内係。

また民間、特に病院、助産院の取り組みとして産後ケアセンターが挙げられる。子育て領域においても今後子育て従事者の精神的疲労の軽減（＋女性から母親への心身の変化をサポート）に社会が取り組む時代が早晩来ると考えられる（すでに、里親の場合、レスパイトケアのための費用は年7日負担してくれる制度が整備されている。子育て短期支援事業＝ショートステイはあるが、収容数が少なく、育児不安にある母親が気軽に利用できる状態ではない）。

こどもを産むということは個人から母へと変化することであり、ホルモンバランスの崩れや、絶え間ない夜泣きへの対応など、生後3か月までが、一番育児不安が問題になりやすいとされている。そのため、出産後の体のケアや、育児を専門家の手助けを得ながら親役割へと緩やかに移行することが重要になってきている。

伝統的に里帰りで出産をした日本では不要であったが、もともと中国や韓国では産後に施設で養生することは珍しいものではなく、韓国では出産後、1か月程度を産後調理院ですごす人が増えている。超デラックスなものから庶民的なものまで選択の幅も広い。わが国の有名タレントが利用したことで認知が進み、2012年には赤坂に産後ケア専門施設ができた。その後、産後ケアセンターがいくつか誕生し、人気が高い。出産や子育ての不安解消に、今後もっと多様に普及するであろう（あるいは普及すべき絶対必要な）施設である。

（2）子育てからのリフレッシュ　子育て支援に関わっていると、次のような話をよく聞く。

・「こどもを産んでから一度も美容室に行っていない」。
・「生き甲斐にしていた長年の趣味だけは出産後も続けたい」など。

子育ては、四六時中こどもと向かい合うことであり、逆にいえば、こどもから目を離すことができないものでもある。「子育てのために自分の時間、やりたいことを犠牲にしている」と思い悩むこともある。そんな中誰かが

都心回帰：　1960年代における都市の人口過密化から、1970年以降郊外型に移行していった。この現象を「ドーナツ化」という。2000年代に入り、都心の再開発ラッシュや地価の下落などの理由から、都市への人口再流入化が進んだ。この現象を「都心回帰」、または「ドーナツ化」に対して「アンパン化」という。

替わってこどもを見る機能があれば、少しの時間でも保護者が育児から解放されることでリフレッシュでき、また新鮮な気持ちでこどもに向き合える。「一時保育（一時利用保育）」にはそのような効用がある。「一時保育」は、保育所のように継続してこどもを預かることを前提にしておらず、保護者の都合で預けたい時にいつでも預けられる機能である。

　「一時保育」を運営する側から検証すると、いつ、誰が、どのくらいの長さで利用があるか分からないともいえる。すると保育スペースや保育者の配置が無駄になる場合がある。よって自治体では、認可保育所に一時保育を義務づけ、もともと保育スペースと保育者が揃っている環境で「一時保育」を行うケースが多い。

　一方、民間が行う一時保育を「託児サービス」という。あえて託児サービスのためだけに整った保育環境を確保し、朝から夕方、場合によっては夜に至るまで、常に複数の保育者を配置し、いつでもたくさんの利用者が利用できるように展開している。経営の不確実さを排除するため、運営事業者ごとに特徴を出し、単なる預かりだけではなく、付加価値をつけて顧客誘引を図っている。例えば、保育者を外国人で配置し日常会話を全て英語で行うサービスや、幼児教育、音楽、体操などの教育ノウハウを活かし習いごとを付加するサービスもある。利用者からすれば、リフレッシュのための託児サービス利用がきっかけではあるが、同じ預けている時間でこどもが何らかの学びを得られるのならば、相応の利用料金もまた納得できるようである。ビジネスとして託児サービスを捉えた場合、「教育」は重要なキーワードとなっている。

2　学童サービス

1）民間学童保育を取り巻く環境

　女性の社会進出が進み、ライフスタイルも多様化し、共働き世帯、ひとり親家庭が年々増える中で、**学童保育**の待機児童問題はいまだ解決を見ておらず、ワーキングマザーがキャリアを中断せざるを得ない「**小1の壁**」などの社会問題を生み出している。

　学童保育のほとんどは自治体による直営か、行政からの補助金を受けながら運営されており、その数は、平成27年に2万2608か所で過去最多数となったが、待機児童数も1万6941人で、過去最多となっている（図表Ⅱ-1-1）。利用を諦めて仕事を辞めてしまったケースもあり、統計データには表れない「潜在的な待機児童」は数十万人とも推測される。

　また、こどもが**学童保育にいる時間**は小学校にいる時間よりも長いが、公的な施設では、特別なイベントが少なく、スタッフの人数も少なく、あそびに積極的に関わることができないところも多い。さらに、昨今では、

学童保育：　共働きにより、昼間、保護者が家にいない家庭のこどもを放課後や長期休み中に保育する施設。児童福祉法で「放課後児童健全育成事業」と定められており、「放課後児童クラブ」という名称が用いられている。

小1の壁：　公的な学童保育では通常18時までの開設となり、保育園よりも預かり時間が短くなる。小学生になると、時短勤務制がなくなる企業も多く、こどもの小学校入学を機に働き方の変更を迫られるワーキングマザーが多くいる社会問題をいう。

学童保育にいる時間：　小学生の低学年が学校ですごす時間は、年間1200時間。一方、放課後と長期休みに学童保育ですごす時間は、約1600時間となり、こどもたちは、小学校ですごす時間よりも長い時間を学童保育ですごしている。

II部 こども文化・ビジネスの今とゆくえ

図表II-1-1　クラブ数、登録児童数および利用できなかった児童数（待機児童数）の推移

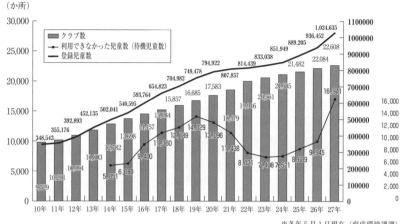

※各年5月1日現在（育成環境課調）
（平成27年10月1日以降総務課少子化総合対策室）

図表II-1-2　こどもを中心に考える小学生の放課後　昔と今

	昔	今
子どもの数	兄弟が多く、近所には幼なじみがいる。	一人っ子が多く、近所に友達が少ない。
遊び場	公園、神社の境内、空き地、はらっぱなどを自由に使える。	凶悪な事件、ボール禁止で公園に子どもの姿はまばら。
遊び方	暗くなるまで自由に遊び、集団で遊ぶコミュニティがある。	習い事で忙しく、TV・ゲーム・携帯などで一人で遊ぶ。
経済	お金を使わないで、頭を使って遊びを創造した。	6ポケットで何でも買ってもらえる。
大人の関わり	お隣や商店街など近所の大人の注意・安全への目配りがあった。	保護者、先生以外の大人との関わりが希薄。

　核家族化が進み、家庭や地域社会といった"学校外"での、こどもの教育機能が低下している（図表II-1-2）。
　学童保育のニーズが高まる中、公的サービスでは質的・量的にも対応できていないため、そのニーズに応えるためにできたのが、営利サービスとしての「民間学童保育」で、都市部を中心に、異業種企業が参入し、サービスの多様化が進み発展している。

2）民間学童保育サービス
　民間学童保育の市場を切り拓いたといわれる「株式会社キッズベースキャンプ」（以下KBC、図表II-1-3）は、2006年9月に東京都世田谷区に1号店を開設。最長22時までの延長利用や、食事の提供、学校や自宅、最寄駅までの送迎サービスなど利便性や安全面のサービスを充実させている。社会につながる**人間力**を育成する多彩なイベントプログラムなどを取り入れ、働く人材のクオリティにもこだわっている。KBCで生みだされた民間学童保育サービスをモデルとして、後発の事業者の多くがそのサービス

人間力：　内閣府「人間力戦略研究会報告書」（2003年4月）で、「社会を構成し運営するとともに、自立した一人の人間として力強く生きていくための総合的な力」と定義されている。さらに、知的能力的要素、社会・対人関係力的要素および、自己制御的要素を総合的にバランスよく高めることが、人間力を高めることと述べられている。

図表Ⅱ-1-3　従来の学童保育とキッズベースキャンプの違い

	従来の学童保育	キッズベースキャンプ
市場	福祉事業 官製市場、公的負担が大きい	サービス業 利用者が自己負担
コンセプト	第二の家庭 保護者の就労証明書等が必要	子どものサードプレイス （自ら行きたい場所） 就労形態は問わず
サービス	平均18時20分で終了 移動・帰宅時の安全に不安 長期休みはお弁当が必要	標準19時、延長22時まで 送迎サービス、セキュリティ完備 食事の提供
プログラム	イベントが少ない 宿題ができない	社会につながる人間力を育成する 多彩なプログラム 学習習慣を身に付ける
人材	常勤スタッフの人数が少ない 研修が脆弱	子ども10対大人1の配置 充実した研修体制

図表Ⅱ-1-4　民間学童保育参入企業例

名称（運営主体）	設立	プログラムの特徴
キッズベースキャンプ （東急グループ）	2006年	アート工作、農業体験など"社会につながる人間力"を育む多彩なプログラムを企画。東京・神奈川で展開。
キッズデュオ （やる気スイッチグループ）	2008年	英語で預かる学童保育。ネイティブのスタッフが様々なプログラムを英語で実施。フランチャイズで全国展開。
明光キッズ （明光ネットワークジャパン）	2011年	学習教室、珠算教室など習い事を取りそろえ、受講可能。東京で展開。
NAS KIDS UNIVERSITY （大和ハウスグループ）	2013年	運動や音楽、美術や算数など多くのプログラムを英語で指導。東京で展開。
東京インターナショナルスクール （住友商事株式会社）	2013年	「探究力」を高める独自のメソッドを応用した"英語で学ぶカリキュラム"を企画。東京で展開。
HugPON！ （KTC中央学院株式会社）	2013年	習い事体験、マナーや食育、屋外イベントなどのコンテンツを企画。愛知県を中心に展開。

等を取り入れている。

3）学童保育参入企業

　民間学童保育には明確な定義はないが、ここでは、公的資金などの補助金に依存せず、新たな付加価値を提供して営利事業として運営されているものを対象とする。民間学童保育は、保育園・託児所などと違い、規制がほとんどないため参入がしやすく、相次いで、異業種企業による民間学童保育への参入が進んでいる（図表Ⅱ-1-4）。

　東京急行電鉄は理想の子育て環境の実現を目指し、沿線価値の向上を目的に、KBCを子会社化している。その後、京王電鉄の「京王ジュニアプラッツ」、小田急電鉄の「小田急こどもみらいクラブ supported by ピグマキッズ」など、東京・神奈川での鉄道事業者の参入が相次いだ。2015年に、阪急電鉄の「Kippo」が大阪に、JR九州の「KidsJR」が福岡にそれぞれ

開設され、都市部での学童保育参入が進んでいる。

　学習塾を運営している、やる気スイッチグループが、"英語で預かる学童保育"として「キッズデュオ」を2008年よりスタート。現在70店舗で**フランチャイズ**展開をしている。学習塾では、中学受験勉強が始まる前に、小学校低学年から顧客の囲い込みを目的に、学童保育事業に参入している企業が多い。SAPIX・代々木ゼミナールの「ピグマキッズ」、ZEホールディングスの「ワイズ」、その他、日能研、明光ネットなど相次いで参入している。

　フィットネス業界では、ティップネスやスポーツクラブNASが参入。もともとある施設を有効活用し、スイミング、ダンスなどの習いごとと学童保育を一つの施設に集約することで、多様な放課後のサービスを受けることができる。

　また、都心部では、「小1の壁」などが社会問題になるにつれ、利用者ニーズが高まり、質の向上を高めるため、自治体による民間企業への委託も増えている。民間学童保育のノウハウが評価され、キッズベースキャンプでも、2013年より公設受託事業を開始した。そのほか、保育園事業を展開しているJPホールディングス、サクセスアカデミー、パソナグループのパソナフォスター等が自治体から、学童保育・児童館などの受託を受けている。

4）今後の民間学童保育市場

　今後の学童サービスにおいては、少子化によりこどもの人数は減少していくものの、共働きの世帯数は増加しており保育所数も伸びているため、引き続き需要は拡大していくと捉えられている。「小1の壁」は依然として問題視されており、民間の学童サービスの必要性は今後も高いと考えられる。

　また、保育園業界に比べると、学童保育は人材の需給は逼迫していないが、将来的には人材確保が重要な課題となってくることが見込まれている。

参考文献
白土健「少子化時代における『こども産業』の現況」『大正大学人間環境論集』第2号、50-67頁、2015年
全国学童保育連絡協議会編『よくわかる放課後子どもプラン』ぎょうせい、2007年
全国保育団体連絡会保育研究所編『保育白書　2015』ちいさいなかま社、2015年
矢野経済研究所『2014年版 子供市場総合マーケティング年鑑』矢野経済研究所、2014年

フランチャイズ：フランチャイズに加盟する人・法人（例：コンビニのオーナー）が、フランチャイズ本部（例：セブン-イレブンの本社）から、お店の看板、確立されたサービスや商品を使う権利をもらい、その対価をフランチャイズ本部に支払うという仕組み。

Check
- ☐ 成人した女性の役割の変化について述べてください。
- ☐ 保育園・託児所の市場規模増加の背景にあるものを述べてください。
- ☐ 就学前のこどもの居場所について述べてください。
- ☐ 幼稚園と保育園の違いについて説明してください。
- ☐ 個別保育について、どのような事業か説明してください。
- ☐ 小1の壁について述べましょう。
- ☐ 小学生の放課後の今と昔の違いを述べましょう。
- ☐ キッズベースキャンプを参考に、従来の学童保育との差別化を述べましょう。
- ☐ 今後の民間学童保育の市場はどうなるでしょうか。
- ☐ 今後の民間学童保育における課題を述べましょう。

2　こどもと教育ビジネス

　今も昔も、こどもの教育は親にとっては大きな課題であり、喜びでもある。江戸時代の寺子屋に代表されるように、日本ではこどもの教育に親が経済的な負担をいとわない伝統的な価値観が続いてきた。その傾向は明治、大正、昭和と時代の変遷を経ても変わらず、第二次世界大戦（太平洋戦争）の後も強まってきた。

　戦後の教育民主化と経済成長により、大学など高等教育機関の大衆化が進み、戦後のベビーブーム時に生まれた「団塊の世代」を中心に繰り広げられた「受験戦争」という言葉が社会現象として一般化した。大学受験予備校に「受験浪人」が集まり、大教室で繰り広げられる授業が当たり前になり、教育産業は急成長した。しかし、その後は、日本の社会の成熟化と少子高齢化により、勢力図にも大きな変化が見られる。

　このような状況下において、本章では、「学習塾・予備校ビジネス」と、「習いごと関連ビジネス」について解説する。

1　学習塾・予備校ビジネス

　教育産業市場には、①学習塾・予備校、②英会話・語学スクール、③資格取得スクール、④資格検定試験対策スクール、⑤カルチャーセンター、⑥幼児英才教育スクール、⑦企業向け研修サービス、⑧eラーニング、⑨幼児向け通信教育、⑩学生向け通信教育、⑪社会人向け通信教育、⑫幼児向け英語教材の主要12分野がある。その中で、本節では、学習塾・予備校を中心に俯瞰し、現状と将来像を探ることとする。

　なお、本書ではこどもの範囲を原則として中学生までとしているが、本章においてのみ高校生（大学受験浪人生を含む）までを対象としている。これは、一般に「学習塾・予備校ビジネス」の提供サービスが小学受験から大学受験までを対象としているからである。同じ企業がそれらを一貫して手掛けている場合も多く、あえて中学生までとする合理性はないと考えた。

1）変わる勢力図

　「団塊の世代」が大学受験に挑んでいた1960年代後半以降、「予備校御三家」と呼ばれたのが、河合塾、駿台予備学校、代々木ゼミナールであった。その後、代々木ゼミナールの駅前立地と人気講師を集めた方針が当たり、首都圏だけでなく、北海道、東北、中部、関西、九州にまで進出し、略称「代ゼミ」が一世を風靡した感があった。

　しかし、少子化による受験生減少、現役志向の高まりに伴う浪人生減少

団塊の世代：第二次世界大戦後の復興とともに出生数が激増し、「ベビーブーム」と呼ばれた、主に1947～1949年に生まれた人々のことを指して、作家の堺屋太一氏が名づけた。この世代によって「1日2部授業制」、校舎増築、受験戦争、高度成長、大量定年退職、などの社会現象が引き起こされた。

eラーニング：パソコンなどを使いインターネット経由で提供される教育で学習すること。対面式の教室で学ぶのに比べ、遠隔地でも教育を受けられるため、近年盛んに行われている。一例としてフィリピンの講師と日本の受講者を結んで行われる英会話レッスンなどがある。

やAO入試などの大学受験の容易化に加え、大教室方式の欠点を突いた新勢力の台頭によって、経営が悪化した。代ゼミを経営する学校法人高宮学園は2014年8月、全国27か所のうち、20校舎の閉鎖と、400人規模の早期希望退職募集、大学受験生向け全国模試を廃止するなどのリストラ策を発表した。

これに対し、**個別指導式学習塾**は、1980年度から始まったゆとり教育に対する「学力低下を招く」という保護者の危機感から生じたニーズにも合致し、利用者と業績を急激に伸ばしていった。

生徒一人ひとりの理解度・目標に合わせた授業を行う個別指導式学習塾は、効率のよい指導を受けられたり、自分のペースで学習ができたり、講師に気軽に質問をできたりすることなどを売り物にしている。

2）現在の市場規模

学習塾・予備校の市場規模には諸説がある。**株式上場**企業は経営の実態と動向が把握できるが、この業界で決算など経営情報を公開している上場企業は16社（2015年に最大手のZEホールディングスが上場を廃止し、1社減）しかない。「予備校御三家」では河合塾をはじめ、駿台予備学校を経営する駿河台学園、高宮学園とも非上場である。まして、中小、零細規模の学習塾の経営実態をつかむのは難しい。

このため、直近の市場規模推計は、1兆3000億円台（2012年、明光ネットワークス）とか、9380億円（2014年度、矢野経済研究所）というように幅がある。しかし、図表Ⅱ-2-1のグラフが示すように、市場の伸びについては、急成長が終わり、ここ数年は微増・微減を繰り返す飽和市場の様相を呈している、という見方で共通している。少子化、「**大学全入化**」による浪人生

個別指導式学習塾：小学生から高校生・大学受験浪人生を対象に、生徒一人ひとりに講師が直接指導する方法を採用している塾。通常は、講師1人に対して4人以下の生徒を対象に教育サービスが提供される。生徒が5人以上でも、プリント学習など自主学習方式を採用したり、仕切られたブース内で講師の指導を受けたりする方式を含むという考え方もある。授業料は集団方式に比べ割高である。

株式上場：上場とは、企業が資金調達のために株式を一般投資家に買ってもらうよう証券取引所に登録して売買されること。2004年までは比較的小規模な企業は上場せずに証券会社同士で取引される店頭市場で公開され、店頭公開と呼ばれていた。しかし、その後、ジャスダック証券取引所で売買されるようになってからは、上場と公開の区別はなくなった。

大学全入化：少子化と大学や短大の新増設という2つの要因が重なって、入学希望者の減少と、入学定員数の増加で、入学先を選ばなければ全員が入学できるようになる状態。しかし、難関大学や人気大学には入学希望者が集中するため「全入」とはいかない。半面、定員割れを起こしている大学もあり、新入生の募集を停止する大学も出現している。

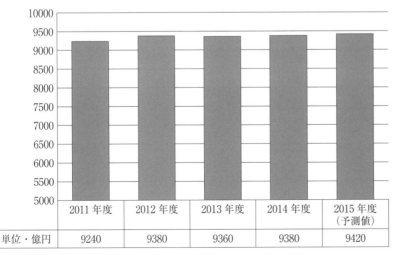

図表Ⅱ-2-1　学習塾・予備校の市場規模推移

単位・億円	2011年度	2012年度	2013年度	2014年度	2015年度（予測値）
	9240	9380	9360	9380	9420

出典：矢野経済研究所，2015。

の減少、個別指導式学習塾の成長の鈍化などが、その原因である。

3）主要各社の業況

自前の校舎を備える場合以外に大きな投資を必要としない学習塾・予備校業界は、参入障壁が低く、「顧客」である生徒が比較的短期間で入れ替わるため、業界内の勢力図に変化が起きやすい。ライバル校の人気講師の引き抜きなどにより、生徒を集めることも容易なため、業界内の上位と下位の変動が激しいのが特徴である。

2015年8月、通信添削やZ会進学教室を傘下企業が手掛ける**増進会出版社**が、業界首位を**ナガセ**と競っていた上場企業のZEホールディングスに対し、**株式公開買い付け**を実施し完全子会社化した。

ナガセは、大学受験予備校の東進ハイスクールを核に業容を拡大してきた。100近い校舎を運営し、フランチャイズの東進衛星予備校を加えると日本全国で約1000校を展開している。「予備校御三家」が専修・各種学校のみを設置する法人としての準学校法人からスタートしたのに対し、当初から株式会社方式で経営し、「学校経営」というよりも「企業経営」の性格が強かったことが、成長の原因になったとも考えられる。

図表Ⅱ-2-2のように、上場企業は上位2社の売上高が図抜けていたが、ZEホールディングスが上場廃止したため、ナガセと、それ以下では大き

増進会出版社： 静岡県駿東郡長泉町に本社を置き、1931年創業、会社設立は1960年の老舗。通信添削・出版で有名な株式会社Z会などを傘下に持つ持ち株会社。近年はZ会で培われた教育ノウハウと知名度を生かし、子会社を通じて、学習塾経営などに新規参入している。

ナガセ： 社長の永瀬昭幸氏が、東京大学在学中に始めた進学教室に起源を持ち、同氏が野村証券を退職後、塾経営に転身し、積極的なM&Aで業容を拡大してきた。筆者は1990年頃、株式を店頭公開したばかりの同社長を取材したが、社長室の机上に塾経営者としては珍しく、株価を表示する端末を置いてあったのに驚いた記憶がある。

図表Ⅱ-2-2　学習塾・予備校上場企業経営指標（単位百万円）2015年中の決算

名称	売上高	経常利益	主な展開ブランド・（決算月）
ZEホールディングス	42,413	3,919	栄光ゼミナール（3月）
ナガセ	41,574	4,431	東進ハイスクール／四谷大塚／イトマンスイミングスクール（3月）
早稲田アカデミー	19,443	732	早稲田アカデミー（3月）
リソー教育	18,776	978	TOMAS（2月）
明光ネットワークジャパン	18,768	3,803	明光義塾（8月）
市進ホールディングス	16,771	282	市進学院（2月）
東京個別指導学院	15,717	1,729	東京個別指導学院（2月）
ウィザス	13,819	1,029	第一ゼミナール（3月）
秀英予備校	11,259	27	秀英予備校（3月）
京進	10,825	216	京進（5月）
成学社	10,390	468	開成教育セミナー／京大セミナー（3月）
ステップ	9,606	2,331	高校受験ステップ（9月）
学究社	9,318	1,339	ena
城南進学研究社	6,179	384	城南予備校
進学会	5,669	1,175	北大学力増進会
クリップコーポレーション	3,869	602	ビックル進学教室
昴	3,584	298	昴／受験ラサール（2月）

注：ZEホールディングスは増進会出版社（Z会）による買収で2015年9月に上場廃止。

図表Ⅱ-2-3　非上場の学習塾・予備校企業（推定売上高100億円以上）

企業名	主な展開ブランド
学研塾ホールディングス	学研教室
ワオ・コーポレーション	能開センター／個別指導 Axis
さなる	さなる個別パートナー
臨海	臨海セミナー
やる気スイッチグループホールディングス	個別指導　スクールIE
日能研関東	日能研
ブレーンバンク	四谷学院
ウィルウェイ	馬渕教室
学研エデュケーショナル	学研CAIスクール
英進館	英進館

出典：イトクロ「塾ナビ」などを参照し作成。

な差がついている。しかし、むしろ非上場企業の中に有力企業が多い。

図表Ⅱ-2-3を見れば、名前をよく知られた学習塾・予備校を展開している企業が多いことが分かる。

学研塾ホールディングスは、70年の歴史を持つ老舗の学研ホールディングス（旧学習研究社）の傘下にあり、2010年に設立された。旧学研から引き継いだ傘下の学研エデュケーショナルが全国に展開している「学研教室」が主な事業で、同教室は年少幼児から中学生までを対象にしている。近年は事業拡大のため、兵庫県や熊本県の学習塾・予備校との提携を強めている。

ワオ・コーポレーションは大阪市に本拠を置き、中高受験の能開センターを、近畿圏を中心に東北、関東、中国地方で展開している。2005年3月期の売上高は約155億円。大学生の基礎学力を補うニーズに応えるためのeラーニングプログラムを供給している。

図表Ⅱ-2-2・Ⅱ-2-3にはないが、株式会社ではなく学校法人である「予備校御三家」の存在感も依然、大きい。法人収入額で最大手と見られる**河合塾**は、企業の売上高に相当する収入が、2014年度は学生生徒等納付金や事業収入を合わせて約462億円とZEホールディングスやナガセを凌ぐ。決算を公表していない駿河台学園は300億円台、高宮学園は200億円台と見られる。

このほか、「公文式教室」で知られる**公文教育研究会**は2015年3月期の連結売上高が約900億円と規模が大きいが、0歳から大人までを対象としたり、海外売り上げを多く含んだりするなど、他の学習塾・予備校と同列での比較が難しい。同様に連結売上高が4632億円とけた外れに多いベネッセホールディングスは予備校事業を手掛けてはいるが、通信教育の「進研ゼミ」や介護事業などの売上高も多いため比較対象から除外した。

株式公開買い付け（TOB）： TOBはTake Over Bidの略で、株式を買うことを公にして、株主から株式を買い集めること。通常の株式売買は証券取引所を通して行われるが、取引所を介さず、買付者が不特定多数の投資家から株式を直接買い取ることができる仕組み。友好的なTOBと、敵対的なTOBがある。

河合塾： 1933年に旧制第五高等学校教授や名古屋高商（現名古屋大）教授の英語教育者、河合逸治が「河合英学塾」を創設したのが起源。戦後は大学受験予備校として名古屋市など東海地方を中心に規模を拡大し、大手の一角を成した。英才教育スクールや英会話学校などの多角化にも早く着手した。大学から入試問題の作成を請け負うなどで話題となった。

公文教育研究会： 高校の数学教師だった公文公（とおる）氏が、長男のために自習式計算問題を作成したのがきっかけで1955年に大阪府で算数教室を開設したのが起源。幼児から大学までの学習を、プリントの問題に順番に回答し、できるようになると段階を上がっていく方式をとり、教室数を増やして急拡大した。世界各国にも教室や現地法人を展開し、2006年には全世界の学習者数が400万人を超えた、とされる。

4）活発な M&A、合従連衡で市場再編

すでに述べてきたように、少子化による市場縮小に対応するため、学習塾・予備校業界では現在、M&A や競争相手と提携するなどの合従連衡が盛んに行われている。前述の増進会出版社による ZE ホールディングスの子会社化など、老舗の大手業者が資金力を背景に新興企業を買収したり、急成長した大手業者が、異業種（個別指導式学習塾など）や自社の周辺教育業種（異年齢層対象校やスポーツ関連など）を傘下に収めたりする動きが目立っている。

ナガセは 2014 年 12 月、現役高校生に強い「早稲田塾」事業を買収し子会社化した。ナガセは 2006 年に首都圏の中学受験名門塾だった四谷大塚を、2008 年 1 月にはイトマンスイミングスクール事業を、それぞれ買収する拡大路線をとっている。

大教室方式から個別指導式学習塾型へのシフトが進む中で、資本力のある教育産業大手による買収も目立った。ベネッセは 2007 年 6 月、東京個別指導学院（東証 1 部上場）の TOB を実施し、連結子会社化した。

学究社は 2012 年 4 月、すでに子会社化していた、東京西部地区に地盤を置く進学塾「進学舎」を吸収合併した。

合従連衡の例としては、進学塾「早稲田アカデミー」を展開する早稲田アカデミーと、個別指導塾「明光義塾」を展開する明光ネットワークジャパンが 2010 年 8 月に業務提携し、早稲田アカデミー個別進学館を首都圏で事業展開している。

外国語関連への進出の動きも目立つ。2011 年 4 月から小学校で英語が必修化されたのを受けて、河合塾グループの KJ ホールディングスが 2015 年 6 月に日米英語学院（本部・大阪）の株式を 100％取得し子会社化した。

5）今後の方向性

少子化、「大学全入化」時代到来による浪人生の減少、個別指導式学習塾の成長の鈍化などで市場の伸びが大きくは見込めない学習塾・予備校業界は今後、どのように活路を見出していくのだろうか。

（1）2 極分化　大学進学率は戦後、一部の年を除いて一貫して上昇を続けているが、学齢人口（日本では現在、満 6〜15 歳）は少子化により、今後も減少・停滞が予想される。また、「大学全入化」による影響で現役合格者の割合が多くなり、受験準備への熱意が薄れるため、顧客層の学習塾・予備校離れは進むと見られる。しかし、一方で、少子化で 1 人のこどもへの教育費を多くするという保護者も一定数は続くため、有名難関校受験指導へのニーズは衰えないという見方もある。このため、受講者・生徒の学力レベルに応じて学習塾・予備校に 2 極化現象が生じ、補習学習者を主なターゲットにする学習塾の生き残り競争が激化することが予想される。

M&A：企業の合併や買収のことで、英語の Mergers and Acquisitions の略。複数の企業が何らかの目的のために、一つの企業になること（合併）や、企業が他企業の株式を買い取って経営権を獲得すること（買収）などをいう。

大学進学率：大学と短大への進学者が 3 年前の中学校卒業者に占める比率。1955 年は 7.9％だったが、不況の年などを除いてほぼ毎年上昇し、1985 年には 26.1％、2000 年に 39.7％、2009 年に 50％を超え、2015 年は前年より 0.2 ポイント増えて 51.7％だった（国立社会保障・人口問題研究所『人口統計資料集 2016 年版』）。

(2) **顧客層の拡大**　ナガセは社会人大学生向けの「東進ビジネススクール」を展開し、企業内で昇進の条件にもされている **TOEIC** 試験対策も行う「ビジネス英語講座」などを設け、従来は高校生か大学受験浪人生までだった顧客層の拡大に努めている。

市進ホールディングスは2011年に小学校受験・幼児教育を手掛ける「桐杏学園」の全株式を取得し、未就学児の囲い込みをし、従来からの小学生から高校生までの教育サービスにつなげていく方向性を打ち出した。

(3) **IT・デジタル化への対応**　社会のデジタル化への波は学習塾・予備校業界をも大きく変えつつある。一人の講師の肉声を大勢の生徒が聴いて授業を受ける大規模予備校方式は少数派となり、今やVOD（ビデオ・オン・デマンド）方式や衛星配信方式に変わっている。講師の肉声を聴く授業は個別指導式学習塾が主である。

教育サービスにITを活用する動きも盛んに見られる。ベネッセホールディングスは2014年4月、ソフトバンクと学校教育でのIT活用を支援するサービスを提供するClassi（クラッシー）社を設立した。タブレット端末を使い、授業中の生徒の出欠や学習状況などを、簡単に記録・集計したり、小テストや宿題用の問題などを用意したりして、教員の指導・校務負荷を軽減するのが狙いである。

増進会出版社と、教育機関や企業などにeラーニングを提供しているデジタル・ナレッジは2015年4月、学校向け分野で業務提携した。Z会の既存の学校向け紙教材のデジタル化のほか、学習支援サービスなどの開発も手掛ける。学校教育におけるIT活用は国も積極的に進めており、2020年度までに児童生徒1人1台の情報端末の整備を目標に掲げており、今後の市場拡大をにらみ、学習塾・予備校をはじめとする教育産業界が動き始めている。

TOEIC：　Test of English for International Communication の略で、「国際コミュニケーションのための英語力測定試験」を意味する。リスニングセクション100問と、リーディングセクション100問の計200問を2時間で解答する。英語検定とは異なり、検定級に関係なく全員が同じテストを受ける。各セクション495点で、合計990点満点。TOEICの得点を管理職への昇進や海外赴任の条件とする企業が増えている。

2　習いごと関連ビジネス

昨今、こどもの習いごとは学習からスポーツ・文化芸術と多岐にわたる。学習においても受験に必要な科目だけでなく、幼児期の英語等の語学も含まれてくる。また、若年であればあるほど、本人の希望だけでなく保護者の方針により何を習わせるかが決まってくることも多々あり、そういう意味では子役やモデルになるための指導教室なども習いごとの一つといえるのかもしれない。

ここでは、まず習いごとを分類し、主にスポーツに関する習いごとについて記すこととしたい。

1）習いごと事情
(1) **習いごとの定義**　まず、習いごとについて定義しておきたい。

図表Ⅱ-2-4　こどもの習いごとの分類と主に提供している形態

分類	場所	対象	習いごと内容	主に提供している形態
学習系	施設・個人宅	個人	学習塾、語学教室（英語・英会話教室など）	企業・個人による塾・教室
学習系	施設・個人宅	個人	そろばん教室	組織・個人による教室
文化系	施設・個人宅	個人	書道教室、音楽教室（ピアノ・オルガン、その他楽器）	企業・個人による教室
文化系	施設・個人宅	個人	茶道、華道、吟道、日本舞踊、フラダンスなど	組織・個人による教室
スポーツ系	屋外・コート	個人	テニス教室、陸上競技	民間スポーツクラブ、総合型地域スポーツクラブ、スポーツ少年団
スポーツ系	屋外・海ほか	個人	ヨット、カヌー、カッター	愛好者によるクラブ・サークル、B&G海洋クラブ、海洋少年団
スポーツ系	屋外・ゲレンデ	個人	スキー、スケート	企業・個人による教室
スポーツ系	屋外・球場	集団	野球、サッカー	愛好者によるクラブ・サークル、総合型地域スポーツクラブ、スポーツ少年団
スポーツ系	屋内外・プール	個人	水泳、幼児アクア運動プログラム	民間スポーツクラブ、総合型地域スポーツクラブ、市区町村公営施設による教室
スポーツ系	屋内・アリーナ	集団	バレーボール、バスケットボール	スポーツ少年団
スポーツ系	屋内・アリーナ	個人	体操（リトミック・幼児フロア運動プログラム等を含む）、バレエ（ダンス）	民間スポーツクラブ、市区町村公営施設による教室
スポーツ系	屋内・コート	個人	インドアテニス	民間スポーツクラブ
スポーツ系	屋内・道場	個人	武道（剣道・柔道・空手・弓道・少林寺拳法・相撲など）	組織・個人による道場、スポーツ少年団、市区町村公営施設による教室

注1：主に提供している形態のうち「組織による教室」は、各団体の連盟・宗派・宗家が運営する教室を指す。
　2：主に提供している形態のうち「愛好者によるクラブ・サークル」は、ジュニアヨットクラブ、少年野球チーム等を指す。
　3：主に提供している形態のうち「市区町村公営施設による教室」とは、公営の総合体育館・公民館・海洋センター等が主催するスポーツ教室を指す。

習いごととは、月謝や会費を支払って学ぶことやスポーツ等の指導等を受けること、とここでは定義する。

そのため小中学校でのクラブ活動は、広義では学校の教職員あるいは外部講師から指導を受けるので習いごとの一つといえるが、合宿や遠征を除き基本的に月謝・会費などは発生しないので習いごとから除外する。また、現代はファッション雑誌にも小学生モデルが登場する時代であり、そのモデルとなるためやテレビ等へ出演するための子役などでのオーディションに合格するためのスクールもあるが、それもここでいう習いごとから外している。

（2）**習いごとの分類**　こどもの習いごとを主に提供している形態とともに分類したのが、図表Ⅱ-2-4である。分類は、学習系、文化系、スポーツ系と分け、それぞれの習いごとの内容を掲示し、それを主に提供している形態別にしている。

2）習いごとの組織

（1）**習いごとを提供している事業所数**　この表記した習いごとの中で、**政府発表の統計データ**による全国の事業所数および従業者数、売り上げ、成人を含めた会員数を列挙すると次の図表Ⅱ-2-5の通りとなる。一

政府発表の統計データ：府省庁等が調査等により得た統計データについては、政府統計の総合窓口「e-Stat」として各府省庁等の参画のもと、総務省統計局が整備し、2008年度から独立行政法人統計センターが運用管理している。e-Statは、日本の政府統計関係情報のワンストップサービスを実現する政府統計のポータルサイトとして、統計データ、調査票項目情報などの各種統計情報をインターネットを通じて誰でも利用できる。

2 こどもと教育ビジネス

図表Ⅱ-2-5　業種分類による事業所・受講生数等

産業細分類 824 教養・技能教授業		事業所数	従業者数(人)	売上（収入）金額(百万円)	受講生数(会員数)(人)
8241	音楽教授業	14,429	26,987	95,993	641,601
8242	書道教授業	8,644	13,836	19,773	381,654
8243	生花・茶道教授業	3,719	4,858	11,114	152,332
8244	そろばん教授業	5,594	11,963	15,440	230,172
8245	外国語会話教授業	6,211	23,941	137,450	423,747
8246	スポーツ・健康教授業	4,570	42,162	187,380	1,024,396
	民営学習塾	35,213	234,650	809,017	3,746,596

出典：総務省統計局『平成24年経済センサス―活動調査』より。「民営学習塾」は、同調査第9表より。

図表Ⅱ-2-6　スポーツ施設分類による事業所・年間利用者数等

産業細分類 804 スポーツ施設提供業		事業所数	従業者数(人)	売上（収入）金額(百万円)	年間施設利用者数(人)
8041	スポーツ施設提供業(別掲を除く)	1,721	24,169	154,271	103,421,902
8042	体育館	329	3,841	25,136	35,082,244
8043	ゴルフ場	1,317	64,743	489,307	39,357,310
8044	ゴルフ練習場	2,023	23,581	154,255	63,046,818
8045	ボウリング場	481	8,533	140,419	20,943,769
8046	テニス場	394	2,303	13,541	4,087,210
8047	バッティング・テニス場	362	1,850	8,345	4,301,289
8048	フィットネスクラブ	2,384	47,595	375,491	201,771,912

出典：総務省統計局『平成24年経済センサス―活動調査』より。

図表Ⅱ-2-7　青少年育成団体

組織名	傘下組織	団体数	会員数・加盟員数	対象
日本スポーツ少年団	都道府県スポーツ少年団 市区町村スポーツ少年団 単位スポーツ少年団	約33,077団 (2015年1月現在)	約719,752人 (2015年1月現在)	小学生以上
公益社団法人 日本海洋少年団連盟	地区海洋少年団連盟 県海洋少年団連盟 単位海洋少年団	88団 (2015年3月現在)	3,788人 (2015年3月現在)	幼稚園以上高校生まで (18、19歳は準指導員)
公益財団法人ボーイスカウト日本連盟	都道府県ボーイスカウト連盟 単位ボーイスカウト(団)	2,244団 (2015年3月現在)	122,812人 (2015年3月現在)	・ビーバースカウト　小学校1・2年生 ・カブスカウト　小学校2〜5年生 ・ボーイスカウト　小学校5年生〜中学3年生 ・ベンチャースカウト　中学3年生〜19歳以下 ・ローバースカウト　18歳以上25歳以下
公益社団法人ガールスカウト日本連盟	都道府県ガールスカウト連盟 単位ガールスカウト(団)	1,088団 (2015年3月現在)	32,347人 (2015年3月現在)	・テンダーフット　就学前 ・ブラウニー　小学校1〜3年生 ・ジュニア　小学校4〜6年生 ・シニア　中学生 ・レンジャー　高校生年代 ・成人　18歳以上
公益財団法人ブルーシー・アンド・グリーンランド財団	B&G財団 各地区単位B&G海洋クラブ	280クラブ (2015年3月現在)	9,747人 (2015年3月現在)	小学生から成人まで

出典：各団体HP等より。

部、習いごとは統合した数値となっている。

(2) スポーツ施設の事業所数 同じく政府統計データによる全国のスポーツ施設を施設別に分類のうえ、事業所数および従業者数、売り上げ、成人を含めた年間利用者数を列挙すると図表Ⅱ-2-6の通りとなる。

(3) 青少年育成団体 習いごととは一線を画すが、月額で定額の活動費を徴収して運営している青少年育成団体がいくつかある。全国組織のもとに、各地域組織として活動しているものとしては、図表Ⅱ-2-7の通りである。

3）習いごとと家庭事情

(1) 習いごとの実施状況 わが国のあらゆるスポーツの普及、振興、

図表Ⅱ-2-8　習いごとの実施状況

	習いごと	子ども（4～9歳）			青少年（10歳代）		
		実施年齢	人数	割合（％）	実施年齢	人数	割合（％）
1	ピアノ	4.8歳から	204	18.2	5.9歳から	156	9.1
2	そろばん	6.8歳から	54	4.8	7.7歳から	45	2.6
3	習字	6.1歳から	105	9.3	7.7歳から	100	5.8
4	学習塾	6.3歳から	116	10.3	10.7歳から	310	18.1
5	絵画	5.2歳から	18	1.6	8.3歳から	18	1.1
6	英会話	4.8歳から	131	11.7	8.3歳から	120	7.0
7	水泳（スイミング）	5.0歳から	306	27.2	6.5歳から	115	6.7
8	サッカー	5.7歳から	105	9.3	7.9歳から	107	6.3
9	バレエ	4.5歳から	29	2.6	5.4歳から	19	1.1
10	体操	4.6歳から	86	7.7	6.0歳から	13	0.8
11	剣道	6.2歳から	21	1.9	9.9歳から	28	1.6
12	柔道	7.0歳から	3	0.3	7.1歳から	8	0.5
13	野球	7.2歳から	24	2.1	8.3歳から	66	3.9
14	空手	6.0歳から	37	3.3	7.2歳から	38	2.2
15	テニス	6.8歳から	30	2.7	10.2歳から	37	2.2
16	ゴルフ	7.0歳から	2	0.2	9.3歳から	3	0.2
17	バスケットボール	7.7歳から	15	1.3	9.9歳から	48	2.8
18	バレーボール	7.3歳から	13	1.2	10.0歳から	23	1.3
19	陸上競技	7.0歳から	9	0.8	11.3歳から	30	1.8
20	その他：ダンス	5.5歳から	14	1.2	8.4歳から	18	1.1
21	その他：ソフトボール	7.0歳から	9	0.8	－	－	－
22	その他：通信学習	4.4歳から	9	0.8	－	－	－
23	その他：ヒップホップダンス	6.2歳から	9	0.8	－	－	－
24	その他：バドミントン	－	－	－	10.5歳から	14	0.8
25	その他：卓球	－	－	－	9.6歳から	9	0.5
26	習いごとはしていない	－	328	29.2	－	874	51.1
27	無回答	－	2	0.2	－	11	0.6

注：子ども　n = 1,123　青少年　n = 1,712。複数回答あり。網掛けはスポーツ系の習いごと。
出典：笹川スポーツ財団『2015子ども・青少年のスポーツライフ・データ』より。

育成を図る**笹川スポーツ財団**が、こどもならびに青少年の「**スポーツライフ・データ**」として、調査報告を発表している。

こどもは4歳から9歳を対象とし、青少年は10代を対象として調査を行っており、それぞれ何を習っているか調査報告が図表Ⅱ-2-8の通りである。この表で分かる通り、習いごとは圧倒的にスポーツ系が多い。それは保護者が習いごとに求めている目的から読み取ることができる。

(2) 保護者の期待　では保護者は、こどもの習いごとにどのようなことを求め、何を期待しているのか。幼少期におけるスポーツ系の習いごとから、保護者が期待することを見てみたい。

次の図表Ⅱ-2-9からも分かる通り、男女を通じて「体力をつける」「スポーツを楽しむ」が上位2つを占めており、このことからも"保護者はスポーツを楽しみながらも体力増強"を望んでいることがうかがえる。また、これも男女を通じて次に支持されているのが「礼儀・マナーを身につける」「友達をつくる」となっており、やはりスポーツを通じて"礼儀作法の習得や友人をつくる"ことで、人間的な成長を願っていることがうかがえる。

(3) 習いごとへの支出　現代は少子化の時代であり、厚生労働省の発表による2015年**人口動態統計**の"合計特殊出生率は1.46"であり、どこの家族も一人っ子または兄弟姉妹で2人がほとんどであり、3人以上の兄弟姉妹がいる家族は極度に少なくなっている。

そうした中で、保護者がこどもの習いごとにかける家計の支出（活動にかかる費用）はいったいいくらくらいになるのであろうか。スポーツ活動

笹川スポーツ財団：スポーツシンクタンクとして、スポーツ政策に対する提言や、スポーツに関する研究調査、データの収集・分析・発信を行い、「誰でも・どこでも・いつまでも」スポーツに親しむことができる社会「スポーツ・フォー・エブリワン」を目指し1991年3月に設立された公益財団法人。

スポーツライフ・データ：笹川スポーツ財団が2001年から日本のスポーツ・フォー・エブリワンの推進のため、こどものスポーツ実施の現状を全国調査したデータ集。隔年で調査しまとめている。

人口動態統計：日本の人口動態事象を把握し、人口および厚生労働行政施策の基礎資料を得ることを目的に行う人口動態調査の統計のこと。1898年に「戸籍法」が制定され1899年から開始された人口動態調査により中央集計され、1947年6月に「統計法」に基づき「指定統計第5号」として指定。その事務の所管は同年9月に総理庁から厚生省に移管され、さらに2009年4月からは新「統計法」（平成19年法律第53号）に基づく基幹統計調査となった。

図表Ⅱ-2-9　こどもの運動・スポーツ参加への期待

期待する内容	全体 (n = 1,196) %	男子 (n = 621) %	女子 (n = 575) %
体力をつける	71.2	71.5	71.0
スポーツを楽しむ	70.2	71.5	68.7
礼儀・マナーを身につける	54.3	61.2	47.0
友達をつくる	51.7	54.1	49.0
人間的に成長する	41.7	45.4	37.7
目標を見つけてがんばる	40.8	40.9	40.7
チームワークを身につける	35.2	39.9	30.1
からだを動かす	34.7	33.8	35.7
団体行動を身につける	34.4	39.8	28.5
達成感を味わう	31.8	30.3	33.4
運動神経を養う	29.5	31.4	27.5
スポーツ技術を身につける	19.1	22.7	15.1
運動不足を解消する	18.6	17.1	20.2
スポーツマンシップを身につける	13.2	17.2	8.9
体質の改善を図る	8.9	9.2	8.7

出典：笹川スポーツ財団『4〜9歳のスポーツライフに関する調査2010』より。

図表Ⅱ-2-10　こどものスポーツ活動と活動にかかる費用・頻度・時間・活動場面

No.	習いごと	回答数（名）	月あたり平均費用（円）	週あたり平均頻度（回）	1回あたり平均時間（分）	おもな活動場面（上位3つ）（％）					
1	スイミング	3,416	6,100	1.3	66	民間経営	80.0%	自治体・公益法人運営	8.4%	幼稚園・保育所運営	3.9%
2	サッカー（サッカー／フットサル）	1,164	4,200	2.6	117	民間経営	26.9%	部活動	24.3%	地域ボランティア運営	19.5%
3	体操教室・運動遊び	977	3,900	1.1	65	民間経営	44.2%	幼稚園・保育所運営	27.3%	自治体・公益法人運営	12.1%
4	テニス（硬式テニス／ソフトテニス）	832	4,900	3.2	114	部活動	48.4%	民間経営	34.4%	無所属	4.9%
5	野球（硬式野球／軟式野球／ソフトボール）	783	3,900	3.7	183	部活動	42.7%	地域ボランティア運営	27.5%	無所属	9.6%
6	ダンス	568	6,200	1.5	79	民間経営	73.3%	部活動	7.2%	自治体・公益法人運営	6.0%
7	空手	552	4,700	1.8	96	民間経営	72.5%	自治体・公益法人運営	13.8%	地域ボランティア運営	7.6%
8	バスケットボール	532	2,100	3.7	134	部活動	59.6%	地域ボランティア運営	17.1%	学校の放課後活動	7.1%
9	陸上（陸上競技／マラソン）	468	1,600	3.7	98	部活動	59.8%	無所属	16.0%	学校の放課後活動	10.9%
10	スキー（スキー／スノーボード）	390	10,000	0.5	223	無所属	68.5%	民間経営	9.8%	地域ボランティア運営	2.1%
11	卓球	369	1,800	3.8	118	部活動	82.7%	無所属	5.1%	地域ボランティア運営	5.1%
12	バドミントン	347	1,800	3.0	118	部活動	59.4%	無所属	14.7%	地域ボランティア運営	8.6%
13	バレーボール	303	2,500	4.3	143	部活動	70.0%	地域ボランティア運営	10.6%	学校の放課後活動	7.3%
14	剣道	224	3,500	3.4	115	部活動	44.6%	地域ボランティア運営	22.8%	自治体・公益法人運営	11.6%
15	新体操	121	6,300	1.6	84	民間経営	66.1%	自治体・公益法人運営	8.3%	幼稚園・保育所運営	8.3%
16	ボーイスカウト・ガールスカウト	106	3,000	0.5	189	自治体・公益法人運営	40.0%	地域ボランティア運営	31.4%	無所属／民間経営	4.8%
17	柔道	103	2,400	3.1	116	部活動	29.1%	民間経営	23.3%	地域ボランティア運営	18.4%
18	スケート	81	5,900	1.0	121	無所属	43.2%	民間経営	19.8%	自治体・公益法人運営	16.0%
19	ゴルフ	77	10,100	1.3	92	無所属	42.9%	民間経営	39.0%	部活動	9.1%
20	器械体操	73	5,400	2.0	97	民間経営	52.0%	幼稚園・保育所運営	13.7%	自治体・公益法人運営	13.6%
21	少林寺拳法	69	4,200	1.9	95	民間経営	53.6%	自治体・公益法人運営	20.3%	地域ボランティア運営	14.5%
22	合気道	64	3,600	1.4	74	民間経営	62.5%	地域ボランティア運営	15.6%	自治体・公益法人運営	10.9%
23	ラグビー	39	3,100	2.8	152	部活動	43.6%	地域ボランティア運営	35.9%	自治体・公益法人運営	7.7%

注：網掛けは民間経営による活動割合。
出典：ベネッセ教育総合研究所『子どものスポーツ・芸術・学習活動データブック』より。

における費用等についてのデータが図表Ⅱ-2-10である。

このデータからは、スポーツの種目により毎月の活動費用が大きく変わるとともに、民間経営では成り立たないスポーツ種目も意外に多いことがうかがえる。

4）習いごとビジネスの実態と課題

（1）地域による違い　前述の通り、民間経営が成り立たないスポーツ種目もあり、地域によっては経営が厳しいケースも見受けられる。例えば、民間でスイミングスクールを経営するためには、一般的に5万人程度の人口が必要といわれている。それは学校プールのように夏場のシーズンだけではなく、屋内温水プールとして1年を通じてスイミングスクール運営をすることにより、ある一定以上の会員を確保することで会費等の収益を得て経営が成り立つのである。

そのようなことから、人口の少ない郡部では通年のスイミングスクールの民間経営が成り立たないため、自治体等が直営または**指定管理制度**に基づき民間企業等に運営を委託するケースが多い。ちなみに、**ブルーシー・アンド・グリーンランド財団**が全国480市町村に建設し地元自治体に無償譲渡した**B&G地域海洋センター**の25m温水プールを例にとると、光熱水道費で年間2200万円程度かかっており、重油代が高騰した時期には冬場の3か月程度を休館して温水プールを維持したケースもあった。また、自治体等が運営する屋外プールの場合、夏場のシーズンだけの営業となるので、水泳教室も泳げないこどもを対象とした10回教室や高齢者の水中ウォーキング教室などを実施しているケースが多い。

（2）海洋スポーツへの誘い　四周を海に囲まれ豊かな緑の中に多数の河川を擁す日本でありながら、海洋スポーツあるいは海洋レクリエーションに関する習いごとは極端に少ない。図表Ⅱ-2-4が提示している通り、ヨットやカヌーなどにしても部活や青少年育成団体、サークル活動的なものが中心である。

最も一般的な海洋レクリエーションといえば、海水浴になるが、海水浴場への入込客数は、年々減少の一途をたどっており、特に2011年3月に発生した東日本大震災により海に対する危険視や不安感が増幅し、減少傾向がより増す結果となっていることが図表Ⅱ-2-11からもうかがえる。

指定管理制度： 地方自治法の一部改正（2003年9月2日施行）により、自治体の公の施設（スポーツ施設、文化施設など）の管理について、より効果的・効率的な管理を行うため、株式会社などの民間事業者が地方公共団体の指定を受けて管理運営する制度。

ブルーシー・アンド・グリーンランド財団： 日本の四周を囲む青い海（ブルーシー）と緑の大地（グリーンランド）を活動の場として、海洋性レクリエーションをはじめとする自然体験活動などを通じて、次代を担う青少年の健全育成と幼児から高齢者までの国民の"心とからだの健康づくり"を推進している1973年に設立された公益財団法人。

B&G地域海洋センター： ブルーシー・アンド・グリーンランド財団が1976年から2000年までの間に、モーターボート競走の収益金をもとに、全国480市町村に建設したコミュニティスポーツ施設（体育館・プール・艇庫）の総称。

図表Ⅱ-2-11　海水浴場利用者数

各県発表（人）

	2010年	2011年	2012年	2013年	2014年
千葉県	2,304,000	1,147,000	1,610,000	1,816,000	1,596,000
神奈川県	7,517,118	5,433,217	6,853,142	5,923,172	4,751,669

注：東北の被災地県は当初から非公表であるか、2011年から県内調査ができていないケースもあり未記載とした。

今後、**海洋基本法**も制定されていることから、学校・家庭・地域社会等での海洋教育を通じて、親水活動を推し進めていかなければ、漁業・造船・海運・資源開発・環境保全など海洋国家として世界をリードしてきた日本の行く末が案じられる。

　日本が将来も海洋国として世界をリードしていくためにも、幼少期から海や川に親しむ機会を家庭や学校教育等を通じてできるだけ多く提供していくことが望まれる。

（3）習いごとの本質　習いごとの本質は、こどもたちに何のために習いごとをするのか、しているのか、理解させ、納得させて通わせることが重要であり、本人の理解がないと力が入らずただ通うだけになってしまうという危惧がある。学習系にしても文化系、スポーツ系にしてもこどもたちが自分自身で学習能力や技術力、体力等の向上が分かることで、さらにモチベーションの向上が図られる。

　また、現在は格差社会であり、保護者の所得事情により、こどもが習いごとを望んでも通わせられないこともある。そのような時こそ、当該のこどもたちに対し、学校のクラブ活動や自治体の機関が運営する教室等がいかに環境を整えてあげられるかが、課題ではないだろうか。

　最後に、特にスポーツ系の習いごとで一番重要なことは、その習いごとがいかに個々の人間形成に役立てられるかである。

参考文献
株式会社イトクロ「塾ナビ」学習塾売り上げランキング 2015、2015 年
株式上場学習塾・予備校企業 17 社の決算短信、2015 年度
明光ネットワークジャパン HP 投資情報、2016 年
矢野経済研究所『教育産業市場に関する調査結果 2015（要旨）』矢野経済研究所、2015 年

> **海洋基本法**（平成 19 年 4 月 27 日法律第 33 号）：　海洋に関し、基本理念を定め、国、地方公共団体、事業者および国民の責務を明らかにし、海洋に関する基本的な計画の策定等を定め、日本の経済社会の健全な発展および国民生活の安定向上を図り、海洋と人類の共生に貢献することを目的とする法律。この法律では、海洋政策を一元的に推進するため海洋基本計画を定め、内閣官房に、総理大臣を本部長とする総合海洋政策本部が設置された。なお、第 28 条において、学校教育や社会教育において海洋に関する教育の推進と海洋に関するレクリエーションの普及等のために必要な措置を講ずるように定められている。

Check
- ☐ 戦後、大学への進学競争が激しくなった原因は何だと考えられますか。
- ☐ 個別指導式学習塾は、なぜ業績を伸ばすことができたのでしょうか。
- ☐ 学習塾・予備校の市場規模は現在、どのような状況だといえますか。
- ☐ 学習塾・予備校業界で起きている市場再編について、どのようなことを知っていますか。
- ☐ 増進会出版社が 2015 年に行った市場再編策とは何ですか。
- ☐ 学習塾・予備校業界は今後、どのように活路を見出して行こうとしていますか。
- ☐ 習いごとを分類してみましょう。
- ☐ 分類により保護者が習いごとに求めるものと、こどもが習いごとに求めるものについて検討してみましょう。
- ☐ 陸上と海上のスポーツの習いごとの相違点と一致点について挙げてみましょう。
- ☐ 事業者として習いごとの教室等を経営する場合の最低必要条件を検討してみましょう。

3 ベビー・こども服市場

おそらく入浴時を除いて、着ていない時はないくらい、私たちの暮らしに欠かせないのが衣服である。その衣服を着ることについて、あなたは、普段どのように考えているだろうか。

例えば、ファッションという答えもあれば、衛生上の目的もあるだろう。本章が取り上げる**こども服**においては、まず何よりも、後者が求められることになる。こどもの保健についての理解なしにこども服を理解することはできない。特にベビー服やベビーシューズはその典型であり、赤ちゃんの成長の段階に合わせて、様々なベビー用品が用意されている。さらに、こうした日本のベビー用品は、近年のインバウンド（訪日観光）の高まりと相まって、海外からもその高い品質が評価され、注目を集めている。

本章では、こども服やこどもの靴の特徴について説明する。また、こども服市場の商況とこども服メーカーのブランド戦略について紹介する。

> **こども服**：着脱しやすく、こどもが動きやすいよう配慮されている。また、衛生的で皮膚に刺激を与えない素材が使われている。

1 ベビー・こども服の特長

1）こども服の分類

こども服とは、こども用に企画・製造された衣料品のことで、各製造メーカーによって年齢・サイズの定義は多少前後するが、大きくベビー服・トドラー服・ジュニア服と分けられる。

こども服のサイズは身長で表記されており、50cm、60cm、70cmというように10cm刻みか、メーカーによっては5cm刻みとなっている。

ベビー服は、年齢別に0～3歳まで、サイズで示すと50～90cmまでの乳幼児を対象に製造されている。一般のTシャツとパンツの組み合わせのように上下セパレートタイプのこども服とはまったく異なっており、乳幼児に特化した機能性とデザインを備えている。そのため、乳幼児を育てるに当たって必要な機能性を備えた肌着や、おむつの交換が大前提の股下が開けやすい、上下一体型のロンパースなどがある。

トドラー服は、3歳前後の幼児から小学校低学年向けの100～130cmまでのサイズで構成されている。歩き始めてから走り回るようになるまでのこどもの動きを妨げないよう、こどもが動きやすい機能を備えている。トップスとボトムスのセパレートタイプのコーディネートや、デザインもファッション的な要素が強い服が多くなってくる。

ジュニア服は、主に130～160cmくらいまでのサイズで構成されており、8歳くらいから中学校頃までのこども服を表し、大人服をサイズダウンし

たデザイン重視の服が多くなる。

このようにこども服はこどもの年齢によって、服の性質、使用目的が異なるので、こどもの成長に合わせてデザインや機能的要素も変化していくのである。

次は、専門的な知識が必要で、他のこども服とは差別化されているベビー服について、その主な製品の性質をいくつか例に挙げて説明していく。

2）ベビーの定番アイテム「肌着」

生まれてきた赤ちゃんが初めて着る服、それは「肌着」である。

赤ちゃんの皮膚の厚さは約1mm。大人の半分の薄さの肌は、外的刺激から守るバリア機能や抵抗力もまだ未発達。赤ちゃんを様々な刺激から守るため肌着は必要となる。そんなデリケートな赤ちゃんの肌を守るために、生地の原料選び、縫製、機能性を重視している。例えば、縫製ならば、縫い目が肌に直接触れないように、全て表面に出す、袖の縫い合わせは、特殊ミシンを使いごろつきをなくすなど、赤ちゃんが快適にすごすための工夫と技術が駆使されている。

また赤ちゃんは、体温が平熱でも37度くらいあり、まだ体は小さくても、大人と同じだけの汗腺を持っている。つまり、とても**汗かき**なので、授乳時にも全身を使って飲むため汗だくになる。そのため汗とりの役割としても肌着が必要なのである。

大人の感覚では、「Tシャツの下に肌着は着ないから、なくてもいいのでは？」と感じるが、赤ちゃんにとっての「肌着」は、その機能も役割も違うのである。

また「肌着」にも使用用途に合わせて種類があり、コンビ肌着は保温のための肌着で、短肌着に重ねて使用する。足までスッポリ包み込み、お腹をしっかりガードする作りになっている。足部分はホックで留められ、足の動きを妨げず、オムツ替えも簡単にできるように考えられており、また**新生児（期）**特有の体型であるM字型の足の形に合わせたデザインになっている。

3）赤ちゃんの成長とベビーウェアの種類

（1） 生まれた直後から首がすわるまで　ベビーウェアのタイプは赤ちゃんの成長の段階に合わせて、様々なものが用意されている。

生まれてすぐの時は、前開きで首を通さず着せることができ、全身が繋がっている「ツーウェイオール」（図表Ⅱ-3-1）や「カバーオール」、春夏は「プレオール」（図表Ⅱ-3-2）が選ばれる。

前開きなので首を通さず着せられ、おむつ替えに便利な「ドレス型」と、足を分ける「カバーオール型」の2通りの着せ方ができる。ベビー服の特徴は、こどもの成長に合わせて服を選ぶということ。例えば、春〜夏

汗かき：　こどもは体重当たりの水分量が多く、無意識のうちに気道や皮膚から水分が蒸発する「不感蒸泄（ふかんじょうせつ）」という水分喪失が顕著であることにも留意したい。

新生児（期）：　出生直後から4週間までを指し、あらゆることにおいて未成熟な時期であり、日本では病院などで看護を受けている時期に当たる。

生まれた直後：　出生後は3か月頃まで、原始反射と呼ばれる赤ちゃん特有の動きをする。

図表Ⅱ-3-1　ツーウェイオール　　　　図表Ⅱ-3-2　プレオール

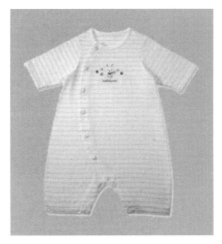

生まれのこどもに「プレオール」がよく選ばれるのは、生まれた直後ならぴったりの10分丈、**生後3か月頃**には7分丈となり、成長に合わせて心地よくすごすことができるためである。

（2） 首がすわって縦抱きができるようになったら　「前開きタイプ」に「かぶり」「セパレート」が選ばれるようになる。

首がすわればかぶりタイプも使用でき、つなぎタイプなら動いても、抱っこしていてもお腹が出ないので使い勝手がよい。ボディシャツをインナーにすれば、セパレートタイプのアウターも安心して使用できるようになる。

4） ベビーシューズ

こどもの「**靴**」には足の骨格や筋肉、靭帯などの健全な足の発育をサポートするということと、足を保護するという、大きく分けて2つの大切な役割がある。間違った靴を選ぶと、足はもちろん膝や腰の病気に繋がったり、内臓の働きに影響を与えることもある。足の健康は心身の発達のためにも重要で、歩いたり走ったり、運動することで筋肉が収縮と緩和を繰り返し、血液の循環を助ける。こどもの健やかな成長のためにはこどもの足のことを十分に理解して、こども成長に合わせた、その足に合う靴が必要となってくる。

赤ちゃんの足はその大部分が**軟骨**でできており、体の成長とともに軟骨から完全な骨になっていく（図表Ⅱ-3-3）。成長途中の軟骨は弱く変形しやすい状態にある。この時期に足に合わない靴を履き続けると、正しい成長が阻害されて、足だけでなく体の骨格がゆがんでしまうこともある。

そのために必要な靴の機能の一つが、しっかりとしたカウンターである（図表Ⅱ-3-4）。

赤ちゃんの足はまだまだ未発達なため、着地の衝撃が大きく、かかとが

生後3か月頃：　体重は出生時の2倍になる。首がすわるのは生後3か月をすぎた頃である。

こどもの「靴」：　こどもの足の成長は非常に早く、また個人差が大きいため、足の状態にフィットしたサイズを選ぶ必要がある。

軟骨：　赤ちゃんの足は軟骨状態であり、やわらかい。カルシウムを蓄積し、成長を続け、18歳頃まで骨化していく。

図表Ⅱ-3-3 こどもの足の成長

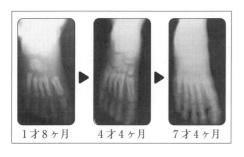

図表Ⅱ-3-4 カウンター機能

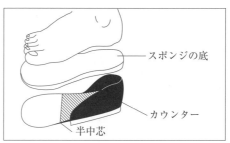

図表Ⅱ-3-5 赤ちゃんと大人の歩き方の違い

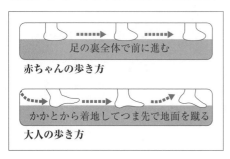

図表Ⅱ-3-6 つまずき防止の反り返し

倒れ込みやすくなる。これにより、かかとが内側に傾きすぎることを「回内」という。大きく、堅いカウンターはかかとをしっかりと固定し、回内を防止するとともに、足の骨格を正しく成長できるよう促すことができる。

赤ちゃんの足と大人の足とは骨格から大きく異なるため、歩き方も違う。赤ちゃんは足の裏全体で着地してひざを曲げたまますり足で進むという不安定な歩き方をする（図表Ⅱ-3-5）。そのため、赤ちゃんは簡単につまずいたり転んだりしてしまう。特に**よちよち歩き**の頃は歩行時につま先が上がりにくく、バランスもよくないので、簡単につまずいたり、転んだりする。それを回避するために、つま先に適度な反り返しをつけることによって、つまずきを防止している（図表Ⅱ-3-6）。また、曲がりにくいシューズを履くと、つまずきの原因になったり、骨や筋肉に負担をかけ、自然な歩行を妨げることになる。そのために足の曲がる位置に合わせて靴が柔軟に曲がるように設計されており、スムーズな歩行を助け、アーチの形成を促すことができるようにしている。

赤ちゃんの靴には、成長段階に対応して3ステップで機能などを考慮された3種類のベビーシューズがある（図表Ⅱ-3-7）。

【プレシューズ】

はいはいから立つことができたら、赤ちゃんが歩く練習を快適に始められる機能が必要となる。まだ骨や筋肉が発達していないデリケートな赤ちゃんの足にやさしい作りのシューズである。

よちよち歩き：　自力で歩行できるようになるまでには約1年かかる。10か月頃で「はいはい」したり、「つかまり立ち」したりするようになり、15か月頃になると、1人で歩くようになる。

図表Ⅱ-3-7　3種類のシューズ

たっちができたら
Preシューズ

よちよち歩きをしだしたら
1stシューズ

てくてく歩きはじめたら
2ndシューズ

【ファーストシューズ】
　よちよち歩きから歩き始めた赤ちゃんの動きは、次第に活発になってくる。しかし、まだまだ歩行は不安定。この頃の赤ちゃんには、正しい歩行をしっかりサポートするシューズが必要となる。

【セカンドシューズ】
　歩くことができるようになると、走る、跳ぶなどの活動はさらに活発になってくる。土踏まずが形成され始め、行動範囲も広がる。この頃のシューズには正しい歩行をサポートし、保護しながら成長を促す機能が必要となる。

　このようにこども服、特にベビー服は、ただ大人物をサイズダウンするだけでは成り立たず、こどもの成長に合わせて使用用途や機能を考慮したものづくりが必要となる。また、消費者のニーズとして、こどものことを考えると安心・安全が第一の要望となる。

2　ベビー・こども服ビジネス

1）こども服市場の商況

　2014年の国内アパレル総小売市場規模は前年比100.9％の9兆3784億円であった。そのうち、ベビー・こども服・洋品市場が前年比100.7％の9223億円。2010年の8855億円から毎年前年を下回ることなく堅調に推移している（矢野経済研究所推計）。

　販路としては、百貨店、量販店、専門店、通販などが挙げられる。試着の必要があまりないベビー服において、インターネット通販へのニーズが増加傾向にあり、ショッピングセンターなどの商業施設が増え、消費者のニーズに合わせてその販路も多様化してきている。

　また2015年の訪日外国人観光客数は、過去最高の1973万人を計上した。2020年東京オリンピックを見据えてその数は増え続けると予測されているが、近年この**インバウンド消費**が、「ミキハウス」などのブランド戦略

インバウンド消費：インバウンドとは「外国から内に向かって」という意味で、一般に「訪日外国人旅行」を指すが、その訪日外国人による消費のこと。近年、インバウンド消費が急増し、国内の企業業績に好影響を与えている。

を行うこども服市場において好景気をもたらしている。

　2012年から徐々にその傾向は見られ、それ以降2015年まで毎年200％以上のインバウンドが占める売り上げの伸び率を計上している。その理由として海外への積極的な出店など、海外でのブランド認知が浸透したこともあるが、安心・安全な高品質の日本製商品へのニーズが非常に高くなっていることが挙げられる。特にこどもの足の健康な発育を考慮したベビーシューズの評判が、口コミを中心に広がっている。肌着などのベビー用品も日本製にこだわる傾向がある。

2）こども服メーカー、ミキハウスのブランド戦略

　ブランド戦略の一つとして、製品のさらなる品質向上、機能性の追求はもちろんのこと、「モノ」（商品）だけでなく「コト」（サービス）の向上による**付加価値**を高めることが必要だと考えられている。前に紹介したようにベビー用品はとても特殊な赤ちゃん専用の製品で、消費者はこどもが生まれる前の出産準備などで、初めてその製品を目にすることが多い。つまり、多くの消費者はあまりベビー用品に関して知識はなく、こどもが生まれるに当たり何を揃えればよいのか、まったく分からない状況にある。そのため、店頭での接客において、専門的な知識や経験があると消費者にとっては最高のサービスとなるのである。ミキハウスでは、子育て経験を持つスタッフに研修などを通じて取得できる「子育てキャリアアドバイザー」という社内資格を設け、その資格を持つスタッフが手掛ける赤ちゃんの世話の仕方やベビー用品のレクチャーを行う「プレママセミナー」を全国で開催している。

参考文献
城一夫『ファッションの原風景』明現社、1998年
「世界を魅了するカワイイ」『Numéro TOKYO』第13号、2008年
仲川秀樹『"おしゃれ"と"カワイイ"の社会学』学文社、2010年
平山宗宏・日暮眞・高井俊夫編著『新訂 小児保健（新現代幼児教育シリーズ）』東京書籍、2003年
フィンケルシュタイン，ジョアン著、成実弘至訳『ファッションの文化社会学』せりか書房、2007年
四方田犬彦『「かわいい」論』ちくま新書、2006年
鷲田清一編『ファッション学のすべて』新書館、1998年

付加価値：商品（モノ）そのものの価値に対して、サービス（コト）から得られる快適性や利便性、娯楽性といった価値のこと。一般に経済学では、総生産額から原材料費などの減価償却分を差し引いた、生産過程で新たに付け加えられる価値を表す。

Check
- ☐ こども服に必要な条件は、何でしょうか。
- ☐ こども服のサイズは何で表記されていますか。
- ☐ こども服のサイズを大きく3つに分類し、説明してください。
- ☐ 赤ちゃんが初めて着る「肌着」は、なぜ必要なのですか。
- ☐ 赤ちゃんが生まれた直後から首がすわるまでの時期にふさわしいベビーウェアには、どんなものがありますか。
- ☐ 赤ちゃんの首がすわって縦抱きができるようになった時期にふさわしいベビーウェアには、どんなものがありますか。
- ☐ こどもの靴に求められる役割について述べてください。
- ☐ こども服市場の商況について、具体例を挙げて説明してください。
- ☐ インバウンド（訪日観光）は、こども服市場にどのような影響を与えているでしょうか。
- ☐ こども服・ベビー用品のブランド価値を高めるためには、どのような点に配慮する必要があるでしょうか。

4 玩具・娯楽事情

　あなたは幼少期のあそびを覚えているだろうか。いつ・どこで・誰と、どんなあそびをしただろうか。また、そこにビジネスの世界がどう関わっていたのだろうか。

　こどものあそびを巡っては、サンマ（時"間"・空"間"・仲"間"）の欠如がいわれて久しい。それは、こどもを取り巻く社会環境の変化に伴い、こどものあそび経験そのものが貧困化しているということである。だが、あそびは本来、こどもの心身を成長させ、自立を促す文化的営みである。そして今日では、そこに消費社会や情報化の進展と関連して、実に様々な商品やサービスが生み出され、提供されている。

　こうした時代の文脈の中で、こども文化・ビジネスの視点に立ったアプローチは、社会・文化的視点と経済的視点の両側面から、こどものあそびを見る見方そのものをより多面的で豊かなものにするだろう。それは、こどもビジネスには利益を追求するだけでなく、社会課題を解決しようとする発想が求められるということでもある。本章では、こども文化・ビジネスの事例として玩具や娯楽（テレビや映画）、遊具を取り上げ、その特徴や可能性について見ていきたい。

1　おもちゃを取り巻く世界

1）おもちゃ文化と現代玩具の実情

　出産祝いや誕生祝いには欠かせない玩具。玩具は、こどものためのあそび道具として捉えられることが多い。日本には、消費者にとって安価で買いやすい玩具や、流行を意識した購買欲を掻き立てる玩具が多くある。キャラクター玩具は、キャラクターの登場の度に人気となり、大量生産によりこどもたちの手に渡る。最新のあそびを楽しむデジタル玩具は、こどもが工夫を凝らさなくても玩具の方からあそび方を誘導し、こどもはあらかじめ設定されたゴールを目指し画面に向かう。玩具が放つバーチャルな世界は、こどもや大人を夢中にしている。

　しかし、これらの玩具から視覚や聴覚に具体的に飛び込んでくる多くの情報は、過剰な刺激になり、こどもの「あそび力（＝イマジネーション・創造力・好奇心・感性・コミュニケーション力）」を減退させる。その時々の流行や技術によって作り出される現代玩具の多くは、一瞬の目新しさに魅力を放つが、時代を象徴する代わりにその魅力を維持することは難しい。生まれては消え行く玩具は、こどもたちやそのあそびに関わる大人に、一瞬の興

奮は提供するが、時代を超えて引き継がれる「あそび」を生み出すことは難しい。

一方で、長く愛され世代を超えて楽しまれ守られている玩具もある。例えば、**伝承玩具**と呼ばれる「けん玉」「独楽」「お手玉」などがそれである。いずれも、時代にうまく溶け込みながら引き継がれ、その時代の流行や文化を取り入れながら人の手によって「あそび」が発展している。また「積み木」や「ブロック」はこどもの成長に関連づけて考案された、時代を超えてあそばれている玩具の一つである。これらの構成玩具は、**フレーベル**の恩物や**モンテッソーリ**の教具、**シュタイナー**の自然玩具に代表される教育玩具に影響を受けており、こども文化の向上を目指すものとして、長く評価され続けている。

現代の玩具の多くは、売れる商品として消費の対象になる。しかし、玩具は、本来売るために作られるモノではなく、こども文化を支えるモノであることが望ましい。消費社会に振り回される現代の玩具の実情は、文化を閉ざすことにもなりかねない。

2）文化財としてのおもちゃ

こどもにとって望ましいこども文化を高めるおもちゃとはどんなおもちゃをいうのだろうか。一つには、こどもの心を育てる美術作品としての価値を持つことである。美しいものに小さい頃から触れることは、こどもたちの審美眼を育てる。こどもの心を育てる栄養素となるおもちゃは、五感を通し人の心を感動させる美しい作品でなければならない。二つ目は、豊かなあそびコミュニケーションを生み出す力があることである。こどもの育ちにおいて必要な人やモノとのコミュニケーションは、バーチャルな世界では体験できない。同世代・家族・異世代など多様な関わりの中で、自分を知り、社会と結びついていく。こども社会において、自己実現や信頼関係はあそびから得るところが大きい。三つ目は、時代に左右されないロングセラーになり得るおもちゃであること。時代を超えて人の手に渡り、いつの時代でも新鮮なあそびを提供することができるおもちゃは、世代を繋ぎ文化を繋ぎモノを大切に使い続ける感情を育てる。

こどもが育つ背景を作るのは大人である。多くの情報や価値が発信される今、「こども文化を支える社会についてどうあるべきか」を考え、こどもの成長とともにある「おもちゃ」を選ぶことは、こどもだけでなくこどもの育ちを見守る大人の「あそび力」の向上も求められる。**東京おもちゃ美術館**は、あそび文化の発展は人が幸福に生きる社会を作ると考え、こどもにとって望ましいおもちゃを調査発掘する**グッド・トイ選定事業**を行っている。

伝承玩具（郷土玩具）： 日本各地で古くから手作りされ、それぞれの土地で親しまれてきた玩具。その土地の生活風習など郷土色を反映している。

フレーベル（F. Fröbel, 1782-1852）： ドイツの教育学者。こどもの自らのあそびや試行錯誤の体験が人間形成に大きな意味を持つと考え、世界で初めて幼稚園を設立。こどもたちが扱う教育玩具として、「恩物（積み木）」を考案。

モンテッソーリ（M. Montessori, 1870-1952）： イタリアの教育家。児童の自発性を重んじた教材として「教具」と呼ばれる玩具を考案。周囲の大人には、こどもの力を信じ、こどもたちの自発的な学びの場を整えることを求めている。

シュタイナー（R. Steiner, 1861-1925）： オーストリアの思想家。一人ひとりのこどもの個性を尊重し、社会の中で自分らしさを発揮できる人間性を育てることを目標にする。芸術教育に特化したこどものイマジネーションを掻き立てる自然素材の玩具を考案。

東京おもちゃ美術館： NPO法人が運営する「おもちゃを創る」「遊ぶ」「学ぶ」「楽しむ」多世代交流の体験型ミュージアム。2008年、東京都中野区から新宿区に移転。来館者数は年間約15万名。

グッド・トイ選定事業： おもちゃ文化とあそび文化の発展を目指し、1985年に日本で初めておもちゃの選考をスタート。全国のおもちゃの専門家であるおもちゃコンサルタントによって毎年30点前後が選定される。

図表Ⅱ-4-1　おもちゃ学芸員

3）おもちゃが生み出す社会貢献

　おもちゃを展示する文化施設としておもちゃとあそびによる社会貢献を目指す東京おもちゃ美術館は、文化財となるおもちゃを選定し、実際に手にとってあそぶことができる体験型ミュージアムの運営により、4つのコンセプトを実現している。

　(1)　ファミリーコミュニケーション　「おもちゃ」と聞いて、まず思い浮かぶのは、「こどものあそび道具」ではないだろうか。おもちゃは、こどもの生活には切り離せないものである。しかし、単におもちゃは子守りの道具ではなく、こどもの成長を知る機会に通じている。あそびの中から表現される思考や言語、動作などを通し、わが子の成長を感じることとなる。一方でこどもにとっても、同じあそびを親と共有し、親を真似ることで、親の人格に触れる機会になる。大人もこどもも忙しくコミュニケーションが希薄になりがちな現代、親子のコミュニケーションを豊かにするおもちゃは、多くの来館者に親子が一緒に笑顔になる時間を提供している。

　(2)　多世代コミュニケーション　東京おもちゃ美術館は、0歳から99歳があそぶことのできる体験型ミュージアムを謳っている。あそびに年齢の制限はなく、人との関わりの真ん中にあそびがあれば、年齢差は超えられるといった考えだ。館内では、日々、「遊びの案内人」として活躍する**おもちゃ学芸員**（図表Ⅱ-4-1）と世代の異なる来館者が、おもちゃを通じてあそび心地のよい交流を深めている。どの世代の人も、自身の経験と感覚の中で人との交わりを楽しみ、笑顔になれる空間の実現は、古いものと新しいものが同居する、あそび方が限定されないおもちゃの力によるものであろう。核家族化が進み、子育てをはじめ生活の選択が個人の判断に偏りがちな今、多世代交流を生み出すおもちゃの力は意義深い。

　(3)　文化の継承　おもちゃには、文化を伝える力がある。それぞれ

おもちゃ学芸員：　入館者とおもちゃを繋ぐ「遊びの案内人」として、18〜80歳までの世代も職業も異なる様々な人材が生涯学習の学び舎として活動。現在300名を超える登録がある。

図表Ⅱ-4-2　赤ちゃん木育ひろば

図表Ⅱ-4-3　誕生祝い品

のおもちゃが作られた背景を知ることで、製造された街の特徴や時代や生活環境を想像し、その技術を見て取ることができる。そして、民俗固有の文化や工芸技術を、次世代に伝えることができる。

（4）市民立のミュージアム　「市民立」つまりは、お金の寄付を募る「一口館長制度」と「おもちゃ学芸員」と呼ばれる時間の寄付者を募るボランタリー制度の確立による市民性の実践活動を促進する取り組みである。この制度が幅広い世代に受け入れられているのは、世代を繋ぐ力を持つ「おもちゃとあそび」によるところが大きい。また、公立や企業立とは異なるこの制度は、人生のセカンドステージを迎えるシニアの生きがいや自己実現の場、さらには生涯学習の場を提供し、寄付者と寄付を募る側とを win・win の関係にしている。

4）おもちゃ文化の広がり─東京おもちゃ美術館の挑戦

　おもちゃには、無数の力がある。そして、人の生活に潤いをもたらすおもちゃとあそびによる社会貢献は価値の提供となる。あそびの空間をデザインする空間構築支援、日本中のこどもにおもちゃとあそびを届ける地域あそび支援、小児病棟でのあそびの支援、高齢者福祉支援など支援先は多岐にわたる。中でも国産材の木製玩具を普及させ暮らしに木を取り入れる「生涯木育」を目指す「**木育推進活動**」は注目されるところである（図表Ⅱ-4-2）。日本の森林占有率は約 70% にものぼり先進国の中で第 3 位であるが、木材自給率は 30% といわれ、「木の文化の国」であった日本は現在木製品のほとんどを外材に頼っている。これにより、本来使用されるべき日本の木が放置され森林破壊が進んでいる。国産材の使用を目的に作られる**誕生祝い品**（図表Ⅱ-4-3）をはじめとする地域の材と技を生かしたおもちゃ作りや子育て施設の木質化は、衰退する日本の林業を再生させるきっかけ作りになっている。人・モノ・コトを巻き込み地域を活性化し、自然とともに歩む社会を築く取り組みとして木育推進活動は全国に広がっている。

一口館長制度：　館の健全な運営やサービス向上に支援することを目的に寄付金を募り、その特典として寄付者の名入りの積み木を美術館入口に展示している。

木育：　2004 年に北海道で生まれた言葉。2006 年には「森林・林業基本計画」の中で閣議決定されるなど、最近では様々な場面で使用される。東京おもちゃ美術館では「木育」を「木が好きな人を育てる活動」と考え、木の文化を伝え、日本の風土に合った木のある暮らしを普及。

誕生祝い品：　赤ちゃんが初めて出会うおもちゃ「ファーストトイ」が地産地消であることを推進する活動で、2015 年度現在、全国 19 か所の自治体で取り組みが始まっている。

2 こどもの娯楽としてのコンテンツ産業—テレビ・映画

1）こども向けコンテンツとは

(1) コンテンツ産業とこどもの娯楽 マンガやアニメーション、ゲーム、音楽といった日本のポップカルチャーが欧米やアジアなど世界各国に広がり、好評を博している。こうしたポップカルチャーの制作や管理、流通に関わる産業のことを**コンテンツ産業**と呼ぶ。こどもの娯楽としてのコンテンツ産業を考える時、テレビについての理解なくして論じることはできない。多くのこどもがテレビを見て育つことはいうまでもないが、文字の読み書きを習得する前後の園児・児童にとってのその影響力は実に大きいものがある。一方、近年の映画業界の興行収入（図表Ⅱ-4-4）を見ると、邦画はテレビ局主体のそれが上位を占め、特にこどもを中心に支持されているアニメ作品の比重が大きいことが分かる。

この節では、こどもの娯楽についてテレビや映画を主に取り上げ、こども向けコンテンツの特徴を概観したい。

コンテンツ産業：『デジタルコンテンツ白書2015』（一般財団法人デジタルコンテンツ協会編）によれば、2014年の日本のコンテンツ産業の市場規模は12兆748億円、前年比1.4％増である。

(2) コンテンツの意味とこども向けコンテンツ 一般的に、**コンテンツ**とは、英語の media content に由来し、メディアの中身を指す。具体的には、「文字、図形、色彩、音楽、動作もしくは映像もしくはこれらを組み合わせたもの」といった情報の内容を意味する。コンテンツという概念を使うことによって単なるモノの消費ではなく、キャラクターを中心と

コンテンツ：コンテンツは和製英語であり、英文では単数形のcontentと表記されることが通例である。

図表Ⅱ-4-4　映画業界（邦画）の興行収入ランキング

（単位：億円）

	2014年		2015年	
	作品名	興収	作品名	興収
1	永遠の0	87.6	映画 妖怪ウォッチ 誕生の秘密だニャン！	78.0
2	STAND BY ME ドラえもん	83.8	バケモノの子	58.5
3	るろうに剣心 京都大火編	52.2	HERO	46.7
4	テルマエ・ロマエⅡ	44.2	名探偵コナン 業火の向日葵（ひまわり）	44.8
5	るろうに剣心 伝説の最期編	43.5	映画ドラえもん のび太の宇宙英雄記（スペースヒーローズ）	39.3
6	ルパン三世 vs 名探偵コナン THE MOVIE	42.6	ドラゴンボールZ 復活の「F」	37.4
7	名探偵コナン 異次元の狙撃手（スナイパー）	41.1	進撃の巨人 ATTACK ON TITAN	32.5
8	映画ドラえもん 新・のび太の大魔境 ～ペコと5人の探検隊～	35.8	映画 ビリギャル	28.4
9	思い出のマーニー	35.3	ラブライブ！The School Idol Movie	
10	ポケモン・ザ・ムービー XY「破壊の繭とディアンシー」／ピカチュウ、これなんのカギ？	29.1	映画 暗殺教室	27.7

出典：日本映画製作者連盟ウェブサイト。

する情報またはその物語の世界観を対象とする消費のあり方を捉えることが可能となる。

例えばアニメ作品のみならず、キャラクター商品、テーマパークなど娯楽に関わる様々なビジネスを展開したディズニーが晩年に語ったという言葉、「すべては一匹のネズミから始まった」は示唆的である。「一匹のネズミ」とはミッキー・マウスを指し、1928年11月18日に封切られたトーキー初のアニメーション映画『蒸気船ウィリー』の中で初めて登場した。ミッキー・マウスの誕生は、まさにこどもビジネスの時代の到来を象徴する画期的な出来事であり、ここに、**キャラクタービジネス**あるいはこども向けコンテンツの萌芽を見ることができる。

2）こども向けコンテンツの歴史と特徴

（1）**日本におけるキャラクタービジネス**　国産初のテレビアニメ番組は、1963年から放送が始まった**手塚治虫**の『鉄腕アトム』である。アトムは一般に「日本で初めてコピーライトマーク（ⓒ）をつけたキャラクター」（スタインバーグ，2015，80頁）と認識され、「キャラクターの使用は作者であり著作権者である手塚氏の許可なく行うことはできず、また使用する場合には使用料をはらわねばならない」（土屋，1995，77頁）というルールが設定された。ライセンス（利用許諾）の使用料を核に、広範な波及効果が期待できるキャラクタービジネスのモデルを生み出したのである。

本来、アニメや特撮は制作費がかさみ、テレビ局から支払われる放映権料だけで採算をとるのは難しいとされているが、キャラクター商品と相まってライセンスの使用料を回収することで、テレビ番組の事業としての安定性を確保するとともに、裾野の広いキャラクタービジネスの展開を支えてきたことが分かる。鉄腕アトムの場合、マーブルチョコレート（明治製菓）のアトムシールが、こどもたちの間で評判になった。これはテレビアニメ草創期のささやかな事例であるが、テレビアニメにはキャラクター商品の販売がセットになっているという点は、今や常識とされ、製菓や食品から玩具、こども服、文具、家具家電などに至るまできわめて多様なアニメ関連産業が存在している。

（2）**経済的価値と文化的価値**　ライセンスという言葉を先に見たが、キャラクターを使ったコンテンツが商品として成立するということは、それが**ライセンスビジネス**としての性格を有しているからにほかならない。

キャラクタービジネスはキャラクター商品の制作・製造・販売に関わる事業であり、これらに不可欠なキャラクターを商品化する権利＝**商品化権**が扱われることに留意する必要がある。なぜなら、この商品化権こそが、コンテンツの経済的価値を担保しているからである。このため、ライセンスから収益を上げるための仕組みを作り、売り上げを高めていくことがラ

キャラクタービジネス：ディズニーやサンリオなどの大企業の他、近年では地域活性化の流れの中で、「ゆるキャラ」（ゆるいマスコットキャラクター）が普及し、「くまモン」や「ふなっしー」のように、高度なデザイン力やプロデュース力で大きなビジネスに成長している例も見られる。

手塚治虫（1928-1989）：「マンガの神様」と呼ばれる。1961年に虫プロダクションの母体（手塚プロダクション動画部）を設立。静止画を多用するリミテッド・アニメ（ーション）と呼ばれる手法を導入し、毎週1話30分を基本とするテレビアニメ番組制作の基礎を築いた。

ライセンスビジネス：商品化権の許諾に関わる事業のことで、具体的には、キャラクターやブランドなどを使用したい企業と契約を結び、その商品化（企画・製造・販売）を許可する一方、ロイヤリティ（手数料）を得ること。

商品化権（マーチャンダイジング・ライツ）：関連する法律に著作権法や商標法などがあるが、法律で定められた権利ではなく、業界内で慣習となっているものである。

イセンスビジネスの重要なテーマとなる。

　一方、コンテンツの前提には**原作品**の創造活動があり、その芸術作品としての価値を消費者が享受することで、初めて経済的価値が生まれる。つまり、コンテンツは経済的価値とともに本来、文化的価値を持つものであるといえよう。

　では、コンテンツの文化的価値とは、どのように捉えることができるのだろうか。例えば、ある作品を見て感動した経験は、誰にでもあるだろう。その作品を共通の話題に会話をしたり、こどもたちが特撮ヒーローの所作を真似てあそんだりすることはよく見る光景だ。一般にブームと呼ばれる社会現象は、その時代の文化を象徴するものである。**ブロードバンド**時代の到来が叫ばれる昨今、インターネットに代表される情報通信技術が進む中でメディアは多様化し、消費者がコンテンツを享受する環境も飛躍的に向上してきた。お気に入りのコンテンツをインターネットから入手し、モバイル端末で気軽に再生して楽しめる時代なのだ。そうした高度な情報環境を活かす形で消費者とクリエーターとの豊かな関係性を構築し、良質のコンテンツを創造していくことが求められている。特にこども向けコンテンツにおいては、こどもの満足を高めながらその成長を促していく**エデュテインメント**の観点から、その効果について考えることも大切である。

（3）　こども向けコンテンツのマーケティング戦略　日本初のキャラクタービジネスで世界的なブームを巻き起こしたのが、『ポケットモンスター』（通称：ポケモン）である。ポケモンは携帯型ゲーム機のソフトとして1996年2月に登場、マンガ雑誌の連載と合わせて人気を呼び、総出荷数が100万本を超えたのはわずか発売後7か月のことだった。ポケモンは虫取りあそびにも似た**RPG**であるが、モンスターの採集・育成・交換・対戦を通して、こども同士のコミュニケーションを誘発するという特徴があり、発売直後から、こうしたゲームの特性に識者の注目が集まったことを付記しておきたい。

　その後、1997年にテレビアニメ化され、1998年には映画化も始まり、空前のブームに沸くことになる。1999年に劇場用アニメが全米公開され、北米全体で8500万ドルの興行収入を記録している。この間、ゲームやテレビ放送、映画はもちろん、DVD、トレーディングカード、インターネット、その他キャラクター商品が欧米やアジアなど世界各国で販売されるに至っている。このように、様々なメディアを効果的に組み合わせて商品やサービスを展開する戦略を**メディアミックス**と呼ぶ。ポケモンは、ゲームから生まれたこども向けコンテンツであり、また、海外市場においても成功した先駆的な事例といえるだろう。

　ただし、メディアミックス自体は、古典的な手法である。鉄腕アトムも

原作品（オリジナル作品）：当初から複製品の大量生産を志向して作られるほか、いわゆる純粋芸術（fine arts）のように、本来商業目的ではない営みから生まれる場合も多い。

ブロードバンド：広いという意味のブロード（broad）と、帯域を表すバンド（band）の合成語。具体的には、高速大容量の通信回線のことを指し、インターネット上でテレビ番組や映画作品などの動画の視聴が可能になった。

エデュテインメント：教育という意味のエデュケーション（education）と、娯楽を表すエンターテインメント（entertainment）の合成語。具体的には、楽しみながら学ぶという考え方である。

RPG（ロール・プレイング・ゲーム）：Role Playing Game の略で、プレイヤーがゲームの登場人物となり進行するもの。代表例としては、『ドラゴンクエスト』などが挙げられる。

メディアミックス：従来のように、マンガなどの原作の映像化から関連商品の販売という構図に加え、近年ではメディアの多様化によって、一つのコンテンツを複数のメディアで活用し拡散させていく、いわゆる「ワンソース・マルチユース」戦略が定着している。

そうであるが、初期テレビアニメは、マンガ雑誌の人気作品がアニメ化され、両者が歩調を合わせる形でブームとなっていった。

また、特撮番組でシリーズ化され今も人気が続く『仮面ライダー』(1971年放送開始)は変身ヒーローの典型であるが、新番組が開始される度に、ポピー(後にバンダイ)から変身に必要なアイテムである変身ベルトの玩具が発売されてきた。さらにこうしたこども向けの長寿番組は、単にこどもの娯楽にとどまらず、育児期の親にとっては幼少時のあそびを思い出すとともに自分の趣味をわが子と共有し、感動を得ることができるような経験を提供している。そこでは、山岡(2007)が指摘したように、父親が自分の趣味にこどもを巻き込んでいく**父子消費**と呼ばれる消費行動が見られるのである。

(4) クールジャパン政策とこども向けコンテンツ　日本のテレビアニメや特撮番組が世界に広がり、こどもたちの支持を得ていることは周知の事実だ。また、スタジオジブリの宮崎駿作品をはじめとする劇場アニメは、こども向けの域を超えて、現代思想と直結したテーマを持つ映画作品として認知され、国際的にも高い評価を受けるようになっている。ドラマや音楽、"衣食住"も含めて、近年、日本のポップカルチャーは、**クールジャパン**戦略という国の政策としての**文化政策**によってコンテンツ産業として注目され、世界中に展開されている。しかしながら、こども向けコンテンツは一過性のブームにしてはならず、また、そのためにも、単に経済成長の手段にしてはならない。そもそもこどもの娯楽は**こども文化**なのであり、**サブカルチャー**としての側面を忘れることなく、良質のエデュテインメントを開発していく必要がある。コンテンツ産業の海外展開は、**リスクマネー**や**海賊版対策**が不可欠なため、民間事業者だけでの対応には限界があり、一朝一夕でできるものではない。しかし、国の取り組みによって国内外で知的所有権に対する意識が向上し、こうした文化の壁を越えることができれば、日本のコンテンツの海外展開も活発化する可能性がある。

したがって、こどもの娯楽に関わるコンテンツ産業のこれからを考える時、マーケティング戦略のみならず、文化政策やこども文化といった視点を大切にすべきなのである。そして何よりも原作品への深い理解と敬愛が求められるに違いない。

最後に、スタジオジブリ鈴木敏夫の言葉を紹介してまとめに代えたい。「ある時期まで映画は『作品』だったんです。それがある時期から『商品』という要素が加わってきた。僕としては『コンテンツ』と言われると、なんだか『商品』のような気がするんです。それで言うと、ジブリの立場は、基本的には『作品』を作っていくというものです。それが結果的に『コンテンツ』になるときもある」(畠山, 2005, 19頁)。

父子消費：　1990年代半ばから目立ち始めた消費文化のこと。1990年代はじめに注目された「母娘消費」と比べると、トレンド感応度が低く、自らの趣味を追求するところに特徴がある。「コト消費の比重の高さや多様性では『母娘』を上回り、消費構造を一挙に成熟させる契機をはらむ」(山岡, 2007, 32頁)とされている。

クールジャパン：　一般に日本のポップカルチャーが海外で評価されている現象を指す。こうした日本の文化をソフト・パワーの観点から産業振興や外交に繋げるために、2010年に経済産業省が「クール・ジャパン室」を開設したことで、国の政策としてのクールジャパン戦略の位置づけが明確にされた。ソフト・パワーについてはジョセフ・ナイ著、山岡洋一訳『ソフト・パワー』(日本経済新聞社、2004年)を参照。

文化政策：　一般に文化・芸術を対象とした公共政策を意味し、近年では市民を担い手とする暮らし作りやまちづくり、地域産業振興にまで拡大している。ここでは国レベルでの対外文化政策として、文化交流を通した国のイメージ作り(国家ブランディング)を指す。

こども文化：　こどもを取り巻くあらゆる文化の総称。特に大人がこども向けに提供してきた「児童文化」に対し、こどもたち自身が主にあそびを通して育んできた点を強調して使われる場合が多い。

サブカルチャー：　メインカルチャー(ある社会での主流の文化)に対し、そこから逸脱した一部の集団を担い手とする文化のことで、略して「サブカル」とも呼ばれる。ただし、サブカルチャーという言葉はきわめて多義的に用いられ、その定義は確立されていない。

リスクマネー(資金調達)：　高いリスクを伴うが、成功すれば高い収益が期待できる事業に供給される資金のこと。

3 あそびと遊具

1) あそびとは何か

オランダの歴史学者ホイジンガは著書『ホモ・ルーデンス』の中で、あそびは人間活動の本質であると唱えた。また、1990年に世界中の全てのこどもが持っている権利を守るために国際条約として発効した「子どもの権利条約」第31条では、こどもがあそぶ権利を保障している。そのくらい、あそびはこどもの健やかな成長に欠かせないものだ。

実際、人は人生のスタート時期である乳幼児期に、全てを「あそび」の中から経験的に学んでいく。この時期に得られたものは一生失うことのない財産であり、幼児期をすぎてからでは獲得できないものだ。それは**スキャモンの発育発達曲線**（図表Ⅱ-4-5）を見ても明らかである。人は乳幼児期の多様な体験を通して一生涯分の人格の基礎、知性・情操・社会性を獲得している。

それほどまでに大切な「あそび」だが、日本ではあまり真剣に論じられてこなかった。そこでまず、こどもにとってのあそびの定義を明確にしたい。

「あそび」というと、「勤勉」「努力」の対義語として、「時間つぶし」といったニュアンスを感じる人もいるかもしれない。しかし、それはむしろ「娯楽」のことを指している。本来の「あそび」とは、こども自身の「やってみたい」という動機から自発的に始まるリアルな体験であり、その結果として人を育んでいく過程である。テレビゲームや電気仕掛けのおもちゃなど、スイッチを入れるだけであとは受動的に物事が進んで行くものは「娯楽」といえよう。「娯楽」も大人にとっては人生を豊かにしてくれる、価値あるものであるが、成長期であるこども時代に必要なのは「あそび」

> **海賊版対策：** 著作物の違法複製物のことをいう。日本のコンテンツ産業の海外展開に当たっては、海賊版の取り締まりが課題となっている。

> **スキャモンの発育発達曲線：** アメリカの研究者スキャモンが、人間が20歳になった時の発達度合いを100％とした場合に、20歳までの間にどのような成長曲線を描くのかを表したもの。

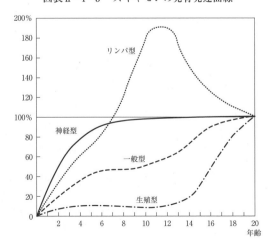

図表Ⅱ-4-5　スキャモンの発育発達曲線

図表Ⅱ-4-6　「あそび」と「娯楽」の比較

あそび	娯楽
プレイ	エンターテインメント
日常的	非日常的
能動的・自らあそぶ	受動的・あそんでくれる
蓄積	消費・消耗
継続	一過性
全生活	余暇・暇つぶし

の方である（図表Ⅱ-4-6）。

また、誰かに「やりなさい」と指示をされてすることも、自発的でない点で「あそび」とはいえない。あそびは、「やってみたい」というこども自身の**内発的な動機づけ**からスタートする。自分で選んでやっていることだからこそ、生き生きと取り組み、追求することができる。たとえ失敗したとしても、その結果を誰かのせいにするのではなく自分で引き受け、失敗したのはなぜか、次はどうしたらうまくいくかと、トライ＆エラーを繰り返していく。その試行錯誤の全てが、こどもの中に生きる知恵として蓄積していき、こどもは生きるために必要な力を自ら獲得していくのだ。

この過程では、自分を信じる自尊心、意欲、自分を取り巻くこの世界や他者への興味関心、信頼関係も育っていく。

もしも、あれをしろ、これをしろ、これはダメ、あれはダメ、と指示や制限をされてばかりだったらどうなるだろう。大人になった時に急に「自分で決めろ、考えろ」といわれても、それは無理なことに違いない。

2）日本のこどもたちのあそびの状況

日本では残念ながら、こどもがあそぶ機会はどんどん減っている。よくいわれるように、あそびを成立させる３つの要素——時間・空間・仲間——が失われているのだ。こどもたちは塾や習いごとで忙しく、あそぶ時間がない。忙しくて友だちと放課後の自由時間が合わず、あそぶ仲間がいない。以前の日本にはあった、こどもが自由にあそべる空間もどんどん失われている（図表Ⅱ-4-7）。公園ですら、ボールあそび禁止などの制限が多く、大きな声も出せず、のびのびあそべる場所ではなくなっているようだ。

あそびが減った結果、楽しく体を動かす機会も少なくなり、こどもたちの体力は低下している。下げ止まったといわれているが、低い位置で止ま

> **内発的動機づけ**： 報酬を目的とすることを外発的動機づけと呼ぶのに対し、内発的動機づけとは自分の内面から湧き上がる意欲のこと。

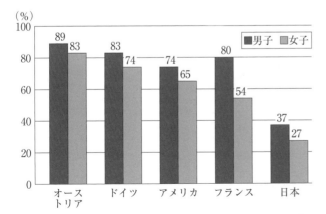

図表Ⅱ-4-7　世界一あそんでいない　日本のこどもたち

出典：「『活動的な身体活動』週２回以上実施者の国際比較（11歳）」笹川スポーツ財団『10代のスポーツスポーツライフに関する調査　2013』より。

っている。

　体力が落ちれば意欲も減退し、考える力や判断力の低下に繋がる。また、他者と関わろうという意欲もなくなり、コミュニケーションをする力にも悪影響を及ぼしていく。

　世界保健機構や多くの国々で、こどもの心身の成長のために、毎日60分以上の身体活動を推進している。日本でも文部科学省が、「毎日、合計60分以上、楽しく体を動かすことが大切」とする「幼児期運動指針」を2012年に策定した。毎日60分の体を動かすあそびを推進するに当たり、次の3点が重要であるとしている。

①　多様な動きが経験できるように様々なあそびを取り入れること。
②　楽しく体を動かす時間を確保すること。
③　発達の特性に応じたあそびを提供すること。

（文部科学省「幼児期運動指針」2012より）

　策定はされたものの、なかなか一般の保護者がこれを知る機会は少なく、課題といえる。

　また、実際に毎日60分、どうしたら楽しく体を動かしてあそぶことができるのかの情報提供や提案も必要だ。

　ボーネルンドでは、こどものあそびの機会を増やすために、**室内あそび場「キドキド」**を全国に展開しており、**36の動き**のほとんどを体験でき、60分間存分に体を動かしてあそぶことができる機会を提供しているが、このような取り組みがもっと広く求められるところである（図表Ⅱ-4-8）。

3）遊具の役割

　公園や幼稚園、保育園などで使用される遊具作りにおいて、世界で最も進んでいるのはヨーロッパである。ヨーロッパでは、「あそび」をこどもに保障することを最優先に考える文化が根づいている。

　こどもの成長にとっての「あそび」の重要性を考えれば、自ずとあそぶ

> 世界保健機構（World Health Organization）：1946年、ニューヨークで開かれた国際保健会議が採択した世界保健憲章（1948年4月7日発効）によって設立。「すべての人々が可能な最高の健康水準に到達すること」（第1条）を目的に掲げている（文部科学省ウェブサイトより）。

> 室内あそび場「キドキド」：こどもが全身を使い、様々なあそびを親子で体験できる室内あそび場。あそび場開発や輸入玩具販売を手掛けるボーネルンドが全国で展開する業態。

> 36の動き：人間の基本的な体の動きは、回る、起きる、這う、歩く、投げる、走るなど、36種類に分類でき、これが基本となって人間の複雑な動きを支えている。

図表Ⅱ-4-8　キドキド

環境や遊具も成長のための大切な道具という発想になる。こどもの成長のために欠かせないものとして、大人たちが、こどもの健やかな成長に役立つことを最優先に真剣に考え、19世紀半ばから遊具を作っている。

そもそも、こどもにとって一番優れた遊具は何かというと、それは「自然」である。手つかずの自然ほど、こどもに多様な経験をさせてくれるものはない。自然は、こどもにワクワク、ドキドキさせてくれる最高のあそび道具だ。

しかし近代化に伴い、自然はどんどん失われている。かといって、以前と同じ方法で自然をただ取り戻そうとすることには無理がある。

そこで、自然に代わるものとして遊具が考え出された。例えば、高いタワーのような遊具は、実は木登りできる木の代わりなのだ。

(1) **ヨーロッパの遊具事情** ヨーロッパでは、遊具は、大人の都合ではなく、こどもにとってどのようなあそびが必要か、というこども本位の考え方で作られている。同時に、厳しい安全基準が設けられている。

EN1176という、ヨーロッパの遊具に関する安全基準があり、1999年から適用されている。

安全についての考え方にも注意は必要だ。こどもは、あそぶことで小さなケガを繰り返し、大きなケガに至らないための危険回避能力を身につけている。むしろ、そのような経験をより多く獲得できる遊具こそが求められている。

最も避けなければならないことは、遊具自体がこどもの能力を無視した危険な状況「トラップ（＝わな）」に誘い込むことだ。これは「ハザード」と呼び、遊具から徹底的に排除されている。

こどもが自分で察知できるリスクは残しておき、こどもに必要な経験ができるようにする。ヨーロッパの遊具作りではこの点が徹底されている。

そのように生み出された遊具は、街の至るところに設置されている。国全体として、こどもがあそぶ機会をいつでも与えようとしているようだ。

(2) **日本の遊具事情** 日本では、遊具作りに国として熱心であったかといえば、それは疑問である。安全基準についても、「遊具の安全に関する規準」が一般社団法人日本公園施設業協会によって策定されたのは2008年であり、ヨーロッパとは20年の開きがあるのが現状だ。

さらに、最近では回転したり揺れたりなどの「動き」のある遊具はどんどん撤去されてしまっている。これは、維持管理コストやケガのリスクを嫌う行政の姿勢もあるとの新聞報道もある。

4）こどもがあそぶ機会を保障することの大切さ

少子高齢化が進んでいる今、年間100万人しか生まれないこどもを心身ともに健康に育てることがますます重要になっているが、そのためにもこ

どものあそびを保障することは、大人全員の責任である。

　遊具やあそび場についての意識を全体として高めていく必要があるだろう。

参考文献
スタインバーグ,マーク著、大塚英志監修、中川譲訳『なぜ日本は〈メディアミックスする国〉なのか』角川 EPUB 選書、2015 年
多田千尋編著『スーパーアドバイザーになるためのおもちゃコンサルタント入門 1』黎明書房、2011 年
多田千尋編著『スーパーアドバイザーになるためのおもちゃコンサルタント入門 2』黎明書房、2011 年
土屋新太郎『キャラクタービジネス―その構造と戦略』キネマ旬報社、1995 年
中西弘子『【0〜5 歳】成長にあわせた　心と体を育てるあそび』PHP 研究所、2015 年
中村和彦『子どものからだが危ない！』日本標準、2004 年
日本グッド・トイ委員会編『東京おもちゃ美術館の挑戦』言視舎、2012 年
野上暁『子ども文化の現代史―遊び・メディア・サブカルチャーの奔流』大月書店、2015 年
畠山けんじ著、久保雅一企画・監修『踊るコンテンツ・ビジネスの未来』小学館、2005 年
ホイジンガ,ヨハン著、高橋英夫訳『ホモ・ルーデンス』中公文庫、1973 年
松井勅尚編著『幼児の心とからだを育むはじめての木育』黎明書房、2013 年
山岡拓『父子消費』日本経済新聞出版社、2007 年

Check
- □　あなたにとって、記憶に残るおもちゃは何ですか？
- □　デジタルおもちゃについて、あなたはどのように考えますか？
- □　あなたが考える、こどもにとって望ましいおもちゃはどのような玩具ですか？
- □　こども文化施設に期待する役割について述べましょう。
- □　「木育」とはどんな活動をいいますか？
- □　こどもが育つ環境とおもちゃはどのような繋がりがありますか？
- □　コンテンツ産業とは、どのような産業でしょうか。
- □　ライセンスビジネスについて、「商品化権」という言葉を使って説明してください。
- □　あそびと娯楽の違いは何ですか？
- □　幼児期の運動指針の中身はどのようなものですか？

5　レジャー施設事情

　現代社会において、遊園地ならびにテーマパークは、こどもにとって、あるいはこどもを持つ親にとっても**余暇**を楽しむうえで、もはや不可欠な存在となっている。特に、**モノ消費**から**コト消費**（体験型消費）への移行が随所で叫ばれる時代となり、同市場は注目度を高めている。

　集客数や、新規開業、話題などの面からいえば、大きく遊園地からテーマパークへの移行傾向が見られる。本文にも記す通り、テーマパークは遊園地の一種と見ることが適当と考えられる。それぞれの定義を示すが、テーマパークには遊園地的要素があり、一方の遊園地も独自のテーマを打ち出そうとするなど両者は近接する傾向にあり、明確な線引きをすることは困難である。

　本章では、まず、遊園地、テーマパークの定義や歴史、ならびに市場規模、市場動向を確認する。そのうえで、こどもに人気のあるテーマパークのケーススタディを行いながら、今後の戦略と課題を考察する。

1　遊園地とテーマパーク

1）遊園地・テーマパークの定義

　経済産業省が実施している「特定サービス産業実態調査」では、それぞれを次のように定義している。

　遊園地は、「主として屋内、屋外を問わず、常設の遊戯施設（コースター、観覧車、メリーゴーランド、バイキング、フライングカーペット、モノレール、オクトパス、飛行塔、ミニSL、ゴーカートなど）を3種類以上（直接、硬貨・メダル・カード等を投入するものを除く）有し、フリーパスの購入もしくは料金を支払うことにより施設を利用できる事業所」であるとしている。また、テーマパークは、「入場料をとり、特定の非日常的なテーマのもとに施設全体の環境づくりを行い、テーマに関連する常設かつ有料のアトラクション施設（映像、ライド〔乗り物〕、ショー、イベント、シミュレーション、仮想体験〔バーチャルリアリティ〕、展示物の施設など）を有し、パレードやイベントなどを組み込んで、空間全体を演出する事業所」であるとしている（以上、「平成26年特定サービス産業実態調査報告書〈確報〉」より）。

　それぞれを、まったくの別物として考えるのではなく、テーマパークを「統一されたテーマに基づいて遊び、娯楽、レクリエーションなどの目的を持つ施設群で構成され、演出された遊園地」であると捉える方が実態に近い。

余暇：　時間的に定義づけすると、1日24時間の生活時間のうち、睡眠や食事時間など生活に必要な「生活必需時間」と、仕事や学校など社会的に拘束された「社会生活時間」を除いた自由生活時間をいう。定義からは消極的な印象も受けるが、現代人は「余暇」を積極的に楽しもうとする傾向がうかがえる。

モノ消費・コト消費：「モノ消費」とは財を所有することに価値を求める消費行動であり、「コト消費」とは財を所有することよりも、娯楽性や体験性、物語性などに価値を求め時間を消費する行動である。その意味で、遊園地やテーマパークを対象とした消費は、典型的な「コト消費」といえる。

また、日本のテーマパークは、外国の街並みを再現して疑似体験ができる「外国村型」、過去の特定の時代の街並みとアトラクションを楽しむことのできる「歴史再現型」、現在も存続する伝統産業を支援する、あるいはかつて繁栄した産業を紹介する「地場産業型」、教育的な内容を備える「教育・学習型」、童話やおとぎ話をテーマにした「童話・おとぎ話型」、大型ゲームセンターにテーマパーク的な発想を加えた「室内ゲーム型」などに分類することができる。

2）遊園地・テーマパークの歴史

日本における今日的な意味での遊園地は、1918年に開園した宝塚ファミリーランドを端緒と見ることができる。これは、阪急電鉄の前身である箕面有馬電気軌道の専務（当時）小林一三が、都市間路線を持っていなかった経営上の不利を克服するために、終点の箕面に遊園地を開発したものである。同事業の成功により、このような旅行目的地開発（ディスティネーション・デベロップメント）は、都市圏の私鉄企業を中心に全国へ拡大し、遊園地の数も増えていった。

1983年には、「**東京ディズニーランド**」（千葉県浦安市、以下TDL）、「長崎オランダ村」（長崎県西海市）がオープンし、テーマパークという言葉が使われるようになっていった。そのため、この年は「テーマパーク元年」とも呼ばれている。以降、2001年には「**東京ディズニーシー**」（千葉県浦安市、以下TDS）と、「**ユニバーサル・スタジオ・ジャパン**」（大阪府大阪市、以下USJ）が同年開業し、本格的な大規模テーマパーク時代に入り、現在に至っている。

テーマパークという言葉自体は1983年から使用されているが、それ以前にもその範疇といえる施設は存在していた。例えば、「博物館明治村」（愛知県犬山市）は、明治時代の歴史的建造物を移築し保存展示する野外博物館として開村、従来にないコンセプトの博物館として大きな評判を呼んでいた。また、「東映太秦映画村」（京都府右京区）は、東映の京都撮影所の一部を分離し、一般公開したもので、時代劇撮影を見学でき、時代劇の世界をオープンセットやイベント、アトラクションを通じて体験できる施設として人気を博している。

そのほか、遊園地からテーマパークへという時流の結節点を担ったともいえる施設が「奈良ドリームランド」と「横浜ドリームランド」である。いずれも1960年代前半に開園し、「高級遊園地」と位置づけされて親しまれた。当時は、高度経済成長期の前半であり、娯楽に対しても高級感が求められる時代であった。また、ベビーブーム世代が青年期に入り、遊具の集合体であるそれまでの遊園地に満足できなくなっていたことも人気を後押しした。

東京ディズニーランド：三井不動産・京成電鉄がオリエンタルランドを設立し、大変な苦労の末、アメリカウォルトディズニーカンパニーとの契約を締結して誕生させた。それぞれのテーマに分かれた7つの「テーマランド」があり、それぞれに配置されたアトラクションや物販店・飲食店等は、そのテーマに合わせてイメージが統一されている。

東京ディズニーシー：2001年9月に開業、TDLに隣接する。7つのコンセプトに分かれた「テーマポート」と呼ばれるエリアがある。TDLとは異なり、アルコール飲料の販売があるなど、大人の客層も視野に入れている。リトル・マーメイドやアラジンなど、TDSのコンセプトに沿ったキャラクターを導入している。

ユニバーサル・スタジオ・ジャパン：2001年3月に開業。スピルバーグ監督がクリエイティブ総監督を務めている。2014年度は、「ウィザーディング・ワールド・オブ・ハリー・ポッター」がオープンし、国内外から多くの客を集めた。キャラクターはメイン・キャラクターのウッディー・ウッドペッカーのほか、スヌーピーやハローキティなども起用されている。

「奈良ドリームランド」は、1961年に奈良県奈良市で開園、「メインストリート」「未来の国」「幻想の国」「冒険の国」などから構成され、「和製ディズニーランド」と称された。しかし、施設の劣化に対してリニューアルを行わず、アトラクションを廃してプールやアイススケート場を作るなど、本来の魅力が損なわれていき、資本系列が変わるなど紆余曲折のうえ、2006年8月に閉園した。

「横浜ドリームランド」は、1964年、神奈川県横浜市に開園した。正面ゲートはバッキンガム宮殿を模し、衛兵が立つなどヨーロッパ調を基本としながら、潜水艦やジャングル巡航船などのアトラクションもあり、人気を集めた。しかし、開園後3年目に大船駅と同園を結ぶモノレールが休止となり、アクセスは自動車交通のみとなった。来園者の減少に、1983年のTDL開園、1993年の**八景島シーパラダイス**の開園などが追い討ちをかけ、ついに2002年2月には閉園を余儀なくされた。

存続が叶わなかった両園であるが、一つの時代を彩ったこと、そしてその成功および失敗要因は、以降の遊園地、テーマパーク経営に生かされていることもまた事実である。

3）遊園地・テーマパークの市場規模と市場動向

2014年の遊園地およびレジャーランドの市場規模は前年比2.3％増の7410億円となった。同市場規模は2011年までは5年連続で落ち込んでいたが、2012年以降は3年連続で増加している。2013年には初めて7000億円を突破し、さらに、2014年は2年連続で過去最高を更新した。一方、遊園地の参加人口は前年比11.0％増の2330万人となった。こちらは1993年の4260万人をピークとして減少基調での推移が続いていたが、2014年は2年ぶりに増加に転じている（以上、日本生産性本部『レジャー白書2015』より）。

国内の主要テーマパーク・遊園地の集客については、東日本大震災のあった2011年は落ち込んだものの、それ以降は急速に回復してきた。震災による自粛ムードが緩和したことに、景気が回復してきたことが重なったことによる。特に、人々の消費が耐久財などの「モノ消費」からレジャーなどの「コト消費」へと移行して、サービスに対して積極的な消費者が増えたことが、テーマパークや遊園地の好調を後押ししているものと考えられる。また、好調な集客を背景として、各社とも**大型投資**を積極化させていく姿勢を見せており、拡大基調は当分続くものと予測される。

中でも、「TDL」と「TDS」の2つのテーマパークを擁する「TDR」は、2015年3月期において3137万7000人（前期比0.3％増）を集客している。当初は、開業30周年で過去最高を記録した前年の反動による入園者数減少を見込んでいたが、大ヒット映画『アナと雪の女王』にちなんだイベン

八景島シーパラダイス： 1988年3月に西武鉄道グループを中心とする9社により事業を開始した。水族館施設は、本館のアクアミュージアム、別館のイルカの展示を中心としたドルフィンファンタジー、動物を間近で観察できる展示エリアなどで構成される。また、プレジャーランドでは、フリーフォール型マシンの「ブルーフォール」、一部海上を走行する「サーフコースター リバイアサン」などの遊具が配されている。

大型投資： 東京ディズニーリゾート」（以下TDR）では、2023年度までの10年間で総額5000億円の設備投資を行い、今以上に魅力を高め、恒常的に年間3000万人規模の入園者を維持していく考えである。USJでは、2016年春をめどに約100億円を投じ、恐竜映画『ジュラシック・パーク』のエリアにジェットコースターを新設する。また、USJでは海外への進出計画や、カジノを中核とした統合型リゾート運営への参入などの意向も表明している。遊園地では、「よみうりランド」（東京都稲城市）が約100億円を投資し、2016年3月、新エリア「グッジョバ!!」をオープンさせた。

トなどが予想以上に好調で、3期連続で過去最高を更新した。

TDRに次ぐ規模を持つ「USJ」も、2015年3月期には前期比21.0％増の1270万人を集客し、開業初年度以来13期ぶりに過去最高を更新した。2014年7月に開業した映画『ハリー・ポッター』をテーマとした新エリアが人気となり、大幅な集客増へと繋がった。また、旅行会社エイチ・アイ・エスの傘下で再建を進める「**ハウステンボス**」（長崎県佐世保市、以下HTB）も、2014年9月期には前期比12.8％増の279万4000人を集めて4期連続の増加となるなど、大手テーマパークの好調が続いている。

日本におけるテーマパークの経緯を概観すると、1980年代に全国でテーマパークの開発計画が相次ぎ、その後の建設ラッシュへと続いた。しかし、バブル経済が崩壊して以降は、テーマパークは一時のピークをすぎて、国内の至る場所で、経営不振や休業、あるいは廃業に追い込まれるといった事態を迎え、現在に至っている。テーマパーク市場においては、「勝ち組」と「負け組」との差は歴然とし、その差は開く一方である。上述した「勝ち組」の大手テーマパークには、アトラクションの追加投資や人材教育など優れた独自の経営的手法と資本力があるが、それらを欠く中堅の遊園地・テーマパークは苦境が続いている。

4）ケーススタディ―サンリオピューロランド

中堅の遊園地・テーマパークの多くが経営に苦しんでいると述べたが、ごく少数ではあるものの、独自の戦略を打ち出し、入園者数を増加させている施設もある。

その一つが「**サンリオピューロランド**」（東京都多摩市）である。遊園地・テーマパークの経営には、立地条件、経営・運営主体・集客規模、さらには文字通り"テーマ"など様々な構成要素が存在し、これらが単体、もしくは複合することで、マーケティング要件も大きく変容する。ここでは、中でも重要度の高い「コンセプト」と、中堅テーマパークにとって不可欠と考えられる「地域密着性」の2つの視点から考察する。

同施設の「コンセプト」は、開業当時から不変の「コミュニケーション」であり、家族・友達・恋人のコミュニケーションのきっかけとなる場所でありたいと考えている。親会社である株式会社サンリオは、雑貨などにキャラクターをつけることにより、日本で「ギフト商品」というジャンルを定着させた会社であるが、同社は、単なるグッズではなく「人と人を結び付け、コミュニケーションのお手伝いをするグッズ」という定義を掲げ、その理念をそのまま場所として受け継いだのがサンリオピューロランドであるという。

また、「地域密着」については、多摩市との共同事業や、周辺企業のパーティ誘致などが挙げられた。多摩センター駅周辺の案内板・ウェルカム

ハウステンボス：1992年3月に開業した。オランダの街並みを再現しつつ、ヨーロッパ全体をテーマにしている。TDRの1.5倍の敷地面積で、単独テーマパークとしては日本最大規模を誇っている。外国人に人気のアニメに関するアトラクションやイベントのほか、医療観光への取り組みなどで訪日外国人客の取り込みにも注力している。

サンリオピューロランド：1990年12月に「全天候型屋内テーマパーク」として開業。館内は、7つのアトラクションと3つのレストランを中心に構成されており、ライブショーやシーズンイベント等が常時開催されている。オープン以来苦戦続きであったが、当初のコンセプトであったピューロという妖精を捨てて、「ハローキティ」などサンリオの得意とするキャラクターを全面に出す一方で、平日は幼稚園の遠足にターゲットを絞り、1996年3月期には黒字を達成した。

ボードにハローキティなどのサンリオキャラクターを登場させたり、地元企業の社内パーティなどをピューロランド内レストランで開催してもらえるように営業を行うなどしている。また、こどもや学生対策として、幼稚園や保育園の遠足等で、雨天時の代替え措置として当日の受け入れを行ったり、周辺大学に対して学園祭への協賛も積極的に行っている。

　サンリオピューロランドは、主にソフト面への投資によって、低迷する全体市場の中で健闘ぶりを見せていた。資金や施設要件に制限される新規アトラクションの設置等ハード面に関して大手テーマパークのベンチマークを図ることは困難であるが、今回挙げたようなソフト面の要件であれば、他の施設においても十分に参考になろう。特に、「地域密着性」については、例えば「NEWレオマワールド」（香川県丸亀市）が商圏設定を全国から地元重視へと切り替えたことが奏功しているように、苦戦する地方のテーマパークにおいては重要なキーワードになるものと考えられる。各テーマパークにとって、国内全てのエリアから、また、中国をはじめアジアからの訪日外国人客の訪園を望むことは、当然の戦略としてあってよい。しかし、これらの集客は安定性に欠ける。したがって、地域密着、つまり地元を重視した商圏設定を一義的に行うことによって、しっかりとした基盤を有した安定した経営を図ることができるものと推察するものである。

② 遊園地・テーマパークの戦略と課題

　ここでは、成功戦略をキーワードとしていくつか挙げていきたい。前述したように、その一つは「地域密着性」である。施設にとって適切な商圏を設定し、その範囲の客をいかにリピートさせるかが重要である。

　また、テーマパークの場合、掲げるテーマには「Authenticity（真正であること）」が必要である。その地域にふさわしく地域の歴史や文化と繋がりがあることや、文化的裏づけがあることが重要で、歴史や文化的な背景がなければ、継続的に支持されることは難しいと考えられる。オランダの生活文化をテーマとするHTBが長崎県に立地しているのは、歴史的にオランダとの結びつきが深いからである。

　さらに、重要なキーワードとして、「非日常性の創出」も挙げられる。TDRはこれの実現に腐心し、膨大な数のリピーターを確保している。TDRがいかにして非日常性を創出しているかについては、多くの研究がなされ、書籍も多数出版されていることから本章では割愛するが、その注目度の高さはそのまま成功要因としての重要度の高さを示唆している。

　遊園地は、そもそもこどもを主対象として開発され、テーマパーク時代になってからは、顧客年齢層が拡大した。少子化が一層進展する今後は、**3世代消費**で、あるいは祖父母と孫で楽しめるものが強く求められる。そ

NEWレオマワールド：2000年に無期限休園した「レオマワールド」を、加ト吉（現テーブルマークホールディングス）、マルナカ、おもちゃ王国などの香川県に本社を置く複数の事業者が共同で買い取ってリニューアルし、2004年4月に「NEWレオマワールド」として再開園した。現在は、「ホテル　レオマの森」などの施設と「レオマリゾート」を構成している。

3世代消費：団塊の世代が祖父母世代となり、そのこども家族とともに行われる消費に注目が集まっている。こうした傾向を意識して、こどもや孫向けの商品・サービスをあえて祖父母世代に訴求する戦略をとる企業も増えつつある。TDRでは、「3世代ディズニー」と称し、プロモーションのためのウェブサイトを設置するなどして、顧客層の拡大に力を入れている。

の意味でも、改めてこどもを主対象とするマーケティングや施設作りが重要性を増していくものと推察される。

③ 新しいタイプのレジャー施設

こどもたちに対して、「楽しく学べる」といった要素や、「楽しい体験が大きな学びに繋がる」といった、エデュケーション（教育）性とエンターテインメント（娯楽）性の2つの要素を兼ね備えた新しいタイプの商品・サービス群、"エデュテインメント・ビジネス"が、今、その勢いを増している。エデュテインメントには、商品やサービスの受け手が、エデュケーションとエンターテインメントのそれぞれの単独の分野で受け取る以上の価値を得ることができる状況を作り出す可能性がある。より高い価値を創造する可能性を持つ、エデュテインメントは、今、こども関連の消費市場で顕著な傾向として表れつつあるものと考えられる。

2006年10月に東京豊洲にオープンしたキッザニアは、"エデュテインメント"をコンセプトとする職業・社会体験施設である。こどもが、疑似的に様々な職業を体験し、働いて賃金を稼ぐことの意味や、経済や社会の仕組みを楽しみながら学ぶ、新しいタイプのテーマパークである。開業から9年を経た現在でも、週末や夏休みなどの長期の学校休日には、予約がとりにくい状態が続いている。

本節では、エデュテインメント・ビジネスの現状や広がりの可能性を明らかにしながら、新しいタイプのレジャー施設の方向性を考察する。

1）キッザニアの事例

キッザニアの第1号施設は、1999年にメキシコシティで誕生した。創業者は、メキシコ人で、アンコナー（X. L. Ancona）。日本上陸は、2006年に最初の施設が東京豊洲に、その後、2009年には、兵庫県甲子園に設立されている。**キッザニアの世界展開**は、日本を皮切りに始まり、2015年12月現在、17か国、20拠点にまで拡大している。

キッザニア東京・甲子園の施設概要は、次の図表Ⅱ-5-1の通りである。2施設の年間の来場者数の合計は、約160万人の規模となっている。

現実社会の約3分の2のサイズで作られた街の中には、新聞社、病院、警察署、デパートなど実在の企業によって**スポンサード**された約60のパビリオンが建ち並ぶ。こどもたちは、約90種類以上の職業から、自ら選んで職業体験をすることにより、専用通貨キッゾを手に入れ、このキッゾを使い、デパートパビリオンでの買い物や様々なサービスを購入し、消費するという社会体験ができる。加えて、電子マネーカードでの支払いや、銀行口座を開設し、ATMの利用や口座への預金、年2回の金利付与により貯蓄を増やすことなどを体験する。こうした体験を通して、こどもたち

キッザニアの世界展開：

	開業年月	都市
1	1999年9月	メキシコシティ
2	2006年5月	モンテレイ
3	2006年10月	東京
4	2007年11月	ジャカルタ
5	2009年3月	甲子園
6	2009年6月	リスボン
7	2010年1月	ドバイ
8	2010年2月	ソウル
9	2012年2月	クアラルンプール
10	2012年6月	クイクイルコ
11	2012年6月	サンティアゴ
12	2013年3月	バンコク
13	2013年6月	クェート
14	2013年8月	ムンバイ
15	2013年9月	カイロ
16	2014年4月	イスタンブール
17	2015年1月	ジッダ
18	2015年2月	サンパウロ
19	2015年6月	ロンドン
20	2015年7月	マニラ

スポンサード（キッザニアのスポンサー制度）： キッザニア内には約60のパビリオンがあり、ほぼ全てのパビリオンは、実在する企業にスポンサードされている（例：全日空/飛行機、三越伊勢丹/デパート、森永製菓/お菓子工場、ヤマト運輸/宅配センターなど）。

図表Ⅱ-5-1　日本におけるキッザニアの施設概要

来場者対象	3歳から15歳の子どもとその保護者
面積	約6,000㎡
パビリオン数	約60か所
体験プログラムのバリエーション	90種類以上
運営時間	第一部　9：00-15：00 第二部　16：00-21：00
展開地域と施設	東京都江東区豊洲（アーバンドックららぽーと豊洲） 兵庫県西宮市甲子園（ららぽーと甲子園）

出典：KCJ GROUP オフィシャルサイト。

は、お金を稼ぐことの意味や、自分で働いたお金を使うことの喜び、仕事をするうえでの職場のチームワーク、人とのコミュニケーションや、マナーとしての挨拶や整理整頓が大切であること、数ある職種の中から自身で仕事を選ぶ自立心など、あたかも新社会人が社会で第一歩を踏み出すような疑似体験をすることができる。このように、キッザニアは、現在、日本で最もエデュテインメントを具現化している施設として考えられる。また、キッザニアを展開する KCJ GROUP は、キッザニアの体験効果を学術的なアプローチで客観的に検証する調査・研究（関口ほか, 2015）を行い、該当する学会で発表する、または、その結果を『キッザニア白書』としてまとめるなど、独自性の高い活動で際立っている。

2）レゴの事例

　LEGO は、1932年にデンマークの郊外ビルンで大工のクリスチャンセンによって設立された。社名の LEGO の語源は、デンマーク語で"よく遊べ"を意味する "leg godt" という。そのミッションは、"ひらめきを与え、未来のビルダーを育もう"（ロバートソンほか, 2014）であり、社名、およびミッションには、エンターテインメントと、エデュケーションの要素が濃く、エデュテインメント・ビジネスの成功事例と考えられる。

　レゴの長方形のブロックの表面には、8個の丸形の突起があり、内側には3つのチューブが収められている。わずか6個のレゴ・ブロックで、実に9億1500万通りの組み合わせがあるという（ロバートソンほか, 2014）。この80年あまりの歴史を有する企業は、レゴの製品特許消滅に伴う類似品の氾濫や、テクノロジーの進歩に応じて生まれたデジタルゲームの隆盛、多角化への失敗など、数々の苦難に持ち堪え、隆盛を極めている。その成功の裏には、テーマパーク"レゴランド"の展開や、大ヒット商品である"スターウォーズ"を含む、他社とのライセンス提携、オリジナルの映画製作やその連動商品"レゴムービー"の開発、レゴをプログラミング言語で操作する"レゴマインドストーム"など、次々とヒット商品を生み出していることなどがある（『日経ビジネス』2015年2月16日号）。

『キッザニア白書』：　キッザニアに学校団体で来場する小学6年生700名以上を対象に、体験の前後でアンケート調査を行った。その回答の統計分析から、キッザニア体験が、こどもたちの意識に好ましい変化をもたらすことを学術的に明らかにした。

レゴムービー：　2014年世界映画興行ランキングの7位、興行収入は、4億6720万ドルの大ヒットとなり（出典：映画ランキングドットコム）、製作元のワーナー・ブラザーズは、今後のシリーズ化を発表した。

そのレゴが日本で展開しているのが、乗り物や4Dシネマも併設したアトラクションが常設されている屋内型施設であるレゴランド・ディスカバリー・センターで、東京お台場に続き2号店が、2015年の4月に大阪の天保山マーケットプレース内にオープンした。また、この施設の特徴として、こどもを主な対象としながら、大人にもマニアに近いファンが多く、大人のファンのために月1回、夜間にスペシャルイベントを実施し、毎回、好評を得ている。さらに2017年は、名古屋で屋外型の大型施設**レゴランド**のオープンが予定されており、エデュテインメント・ビジネスの王道を行くレゴの新たな展開として注目される。

3）公共施設のエデュテインメント

次に"行動展示"という独自の手法で、閉園の危機にあった動物園を日本で最も来園者数の多い動物園に変えた**旭山動物園**を考察する。当時の園長は、「動物園の存在意義である、地球上の生物を絶滅させないというメッセージを来園者に伝えるために、動物園だけができることをしよう」という目標を設定した。さらに、来園者の意見として多かった、「動物がいつも寝ているからつまらない……」（動物種名：オランウータン）との回答に対し、スタッフらは「何とか普段自分たちが飼育係として見ている生き生きとした動物たちの生態を生々しく来園者に見せられないか」という課題に着目した。こうしたプロセスから生まれたのが、高さ17mの空中運動場で綱渡りするオランウータンや、円柱トンネルを上下するアザラシ、水面にダイブするホッキョクグマなどを間近に見ることができる"行動展示"なる手法であったという（『HRカンファレンス2015―秋―』2015年11月19日）。この手法を活用した新規設備投資は、2000年から次々と行われ、年間来場者数は、低迷時50万人にも満たなかった状況から、2006・2007年には、300万人を超えて劇的に増加した（旭山動物園オフィシャルサイト）。

公費による運営がなされている動物園であっても、一定数の来場者数の確保は至上命題であり、本来動物園の持つ教育要素に、来園者にとってのエンターテインメント性を追求し、行動展示という画期的な手法が開発され、日本最北の動物園が最も成功した動物園に進化した所以であると考えられる。

また、最近では、その主な役割を標本の収集・展示に置いていた博物館や水族館でも、ハンズ・オンという展示手法が開発され、来場者の好評を博している。このハンズ・オン展示とは、「自分から見て触って試して理解に導く展示の手法」とされ、体験型展示や、参加型展示などと表現され、インタラクティブ（双方向的）な参加型体験がエンターテインメントと合わせた学びを提供している。これらも、エデュテインメントの一手法とすれば理解しやすい。

レゴランド：世界のレゴランドには以下のような施設がある。

デンマーク	ビルン
アメリカ	カルフォルニア、フロリダ
ドイツ	ギュンツブルク
マレーシア	ジョホールバル
UAE	デュバイ
イギリス	ウィンザー

上記に加えて、2017年4月1日に名古屋金城ふ頭にオープンすることが発表された（出典：legoland.jp）。

旭山動物園：北海道旭川市にある公営動物園。設立は1967年。入園料は大人（高校生以上）800円、中学生以下無料。展示種は115種類647点（2015年4月1日現在）（出典：旭山動物園オフィシャルサイト）。

4）その他の集客型施設の事例

パナソニック株式会社では、「企業は社会の公器、即ち、企業は社会のためにあり、社会によって支えられ、社会とともに歩む」という基本的な考え方に基づき、社会の一員であり、企業市民として様々な活動を行っている。その活動の一つとして、"理科の面白さや驚き、数学（算数）の美しさや不思議"を伝える体験展示でこどもたちの理数への興味喚起を行うことを目的として2006年に**リスーピア**が設立された。五感に訴えかける体験型の展示が多く、ゲーム性を取り入れ試行錯誤を繰り返すことで、物事の原理・原則を知る仕掛けがあるもの、体を積極的に動かすことを要求されながら解を導くような設定など、こどもたちの関心を引きながら学びの要素をうまく取り入れようとする設計思想に、エデュテインメント型施設としての完成度の高さが見られる。

また、徹底したエンターテインメント性で他を圧倒するパワーを持つTDRも、近年、様々な学びの要素を提供するディズニーアカデミーを展開している。これらは、小学生、中学生、高校生などの学校行事で訪問する団体を対象とし、チャレンジ精神、仕事への興味・関心、コミュニケーション力などを学ぶ。また、企業の団体を意識した、テーマパークにおける人材育成や、顧客満足を生み出すホスピタリティを学ぶ**プログラム**などが用意されている。さらには、USJでも、中高生を対象とする、職業教育プログラムが開発され、パーク内での様々な業務の観察学習により、将来の自らの仕事をイメージするトレーニングが行えるようになっている。このようにエンターテインメントセクターでも、エデュケーション要素を含む、新しいプログラムの開発が多く見られるようになっている。

リスーピア：「日本では、『ものづくり』や『技術』で世界をリードしてきたが、このまま理数力低下が続けば、技術者が不足し、国力低下に直結する」。このパナソニックの危機意識から設立された（出典：リスーピアオフィシャルサイト）。

プログラム（ディズニーリゾートの主な学びのプログラム）：中学生・高校生向けには"ディズニーテーマパーク"で学ぶおもてなしを、大学・短大・専門学校生向けには"ディズニーリゾートコミュニケーションスキル"を提供している（出典：TDRオフィシャルサイト）。

図表Ⅱ-5-2　集客型施設のエデュテインメント分野への進出

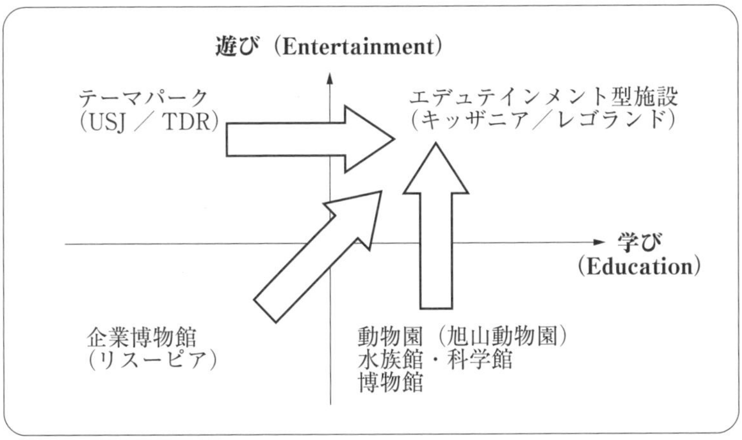

注：" 遊び " の要素を縦軸に表示し、上方ほど、高いレベルで " 遊び " の要素が現れ、下方ほど、" 遊び " の要素は低減する。また、" 学び " の要素を横軸に表示し、右側ほど、" 学び " の要素が強く現れ、左側ほど、" 学び " の要素が低減する。

以上、様々な集客施設をエデュテインメントの視点から考察してきたが、図表Ⅱ-5-2に示すように、本来は異なる目的を有していた集客型施設が、各方面から、エデュテインメント分野に進出してきている方向性を確認することができる。少子化に伴い、激化するこどもマーケットにおいて、教育性と娯楽性をマーケットに合わせてマッチングし、新たな価値創造を実現するエデュテインメント・ビジネスは、今後も注目に値する。

参考文献
旭山動物園オフィシャルサイト
　http://www.city.asahikawa.hokkaido.jp/asahiyamazoo/
「イノベーションを起こすリーダーに求められるものとは」『HRカンファレンス2015—秋—』2015年11月19日
奥野一生『新・日本のテーマパーク研究』竹林館、2008年
公益財団法人日本生産性本部『レジャー白書2015』公益財団法人日本生産性本部、2015年
白土健・青井なつき編著『なぜ、子どもたちは遊園地に行かなくなったのか？』創成社新書、2008年
白土健・太田実「観光ビジネスにおける活性化手法の考察［Ⅰ］—中堅テーマパークの活性化施策を事例として」『日本観光学会学会誌』第48号、109-115頁、2007年
白土健・望月義人編著『観光を学ぶ』八千代出版、2015年
関口陽介・秋山和子・松川誠一「職業・社会体験施設『キッザニア』の金融教育を目的とした活用について」『日本観光研究学会全国大会学術論文集』第30巻、169-172頁、2015年
「どん底から世界一へ　LEGO」『日経ビジネス』2015年2月16日号
前田勇編『現代観光学キーワード事典』学文社、1998年
矢野経済研究所『2015レジャー産業白書』矢野経済研究所、2015年
ロバートソン,デビット・C・ブリーン,ビル著、黒輪篤嗣訳『レゴはなぜ世界で愛され続けているのか』日本経済新聞出版社、2014年

Check
- ☐ モノ消費からコト消費（体験型消費）への移行の事例を挙げてみましょう。
- ☐ あなたが知っているテーマパークは、どのようなカテゴリーに分類されるか確認してみましょう。
- ☐ 都市圏の私鉄企業が、沿線を活性化させるために遊園地・テーマパークを開業させた事例を調べてみましょう。
- ☐ 「テーマパーク元年」という言葉の背景を説明してみましょう。
- ☐ サンリオピューロランドのケーススタディに対する感想を簡単にまとめてみましょう。
- ☐ 遊園地・テーマパークの成功戦略についてまとめてみましょう。
- ☐ 3世代に向けた遊園地・テーマパークの戦略として、有効であると思われるものを考えてみましょう。
- ☐ 「キッザニア」の独自性について、簡単に説明してみましょう。
- ☐ 公共施設の代表的な「エデュテインメント」施設として、「旭山動物園」が挙げられますが、それはなぜでしょうか。
- ☐ 価値創造を実現する「エデュテインメント・ビジネス」が、今後も注目に値するとありますが、それはなぜでしょうか。

6　こども関連出版事情

　1990年代以降、ネットの広がりに伴い、新聞、出版など**印刷メディア市場の縮小**が続いている。これは、こどもを取り巻く出版物でも同様で、ネットの手軽さ、そして無料の情報に圧力を受け続けている。しかし、出版メディア側も従来と異なった手法や新分野の開拓で、読者の獲得を目指している。ますます細分化されていく読者のニーズをどう拾い上げ、どう伝えていくかが焦点となる。キーポイントとなるのは、分かりやすさ、他メディアの積極活用、どうしても経済状態や周囲の状況に左右されて多様化し変化していく親の育児方針を正確につかみ、そのニーズに応えたテーマを掘り下げて伝えることである。

　こどもを取り巻く出版物は、**「こども自身を読者対象」**とした出版物と、**「親を読者対象」**とした出版物に分かれる。さらにそれぞれ、こどもの年齢や進路などによって細分化される。

1　こども自身を読者対象とした出版物

　まず、こども自身を対象とした出版物について概要を説明する。先に述べたように、出版物は多くの分野で販売減の傾向が続いている。特に雑誌分野の減少が顕著だが、書籍も分野にかかわらず、右肩下がりの傾向だ。

　しかし減少を続ける出版物販売状況の中で、児童書は健闘している。2000年から2014年の間に児童書は19.2％増加しているのだ（日販『出版物販売額の実態2015』より）。さらに小学生の読書量を見ても明確な増加傾向が読み取れる。全国学校図書館協議会と毎日新聞社の共同調査によると、小学生の読書量は、2015年には1か月の平均が11.2冊で、この10年間で比較すると約1.5倍となり、さらに増加を続けている。これにはいくつかの要因が考えられる。一つは、「紙面のビジュアル化」など編集面での見せる技術の進化、もう一つは「クロスメディア」の徹底、そして外的要因として主に学校で行われる、「こどもの読書を推進する活動」だ。

　まず、「紙面のビジュアル化」だが、従来の学習向け出版物は、いわゆる教科書的な、文字が並んだテキストが主流だった。ビジュアルが重要な図鑑などでも、図版が小さく情報を読み取るのが難しかったり、過去の出版物からの流用が多く現代のこどもに分かりにくいなど、「内容はしっかりしているので、読み取るのは読者の努力」という姿勢の出版物が見られた。

　しかし、出版不況の兆しが見え始めた1990年代から徐々に紙面に変化

印刷メディア市場の縮小：出版科学研究所によると2015年の出版物（書籍と雑誌の合計）の販売額は1兆5220億円。前年比5.3％減で、2年連続で過去最大の下げ幅を記録した。前年を下回るのは11年連続。出版物の販売額は1996年の2兆6564億円をピークに減少に転じ、2015年はピーク時の6割弱。

「こども自身を読者対象」とした出版物（児童書）：こどもを読者とする本には、こども自身が選ぶものと、「こどもに読ませたい」という動機で親が選ぶものの2種類がある。前者の代表的なものがマンガ、後者は学習参考書・問題集だが、学習マンガ、図鑑、物語・伝記など区別が難しく、親とこども、両者の視線を意識して作られるものも非常に多い。

が見られ、2000年代では各社が精力的に"分かりやすさ"を追求するようになった。代表的な例として、小学館の『小学館の図鑑NEO』シリーズや講談社の『動く図鑑MOVE』シリーズなどが挙げられる。**詳細なイラスト・写真**をふんだんに掲載し、さらに映像を収録したDVDを付録につけるなど、徹底的に分かりやすさを追求した構成が注目を集め、非常に好調な売れ行きを示しているシリーズだ。また以前では数字と図形だけで解説されていた算数の分野でも、多彩なイラストで説明する図鑑が発売され、これも好調だ。

さらに学習書をマンガ化したものも好評を得ている。以前より、歴史分野でのマンガシリーズは学校図書の定番であったが、最近は理科や算数、漢字学習など幅広く学習書がマンガ化されている。代表的なのが、地震や人体など科学分野をマンガにした朝日新聞出版の『サバイバルシリーズ』で、シリーズ総計470万部を超える。

「**クロスメディア**」については、エンターテインメント分野ではもはや常識だ。大ヒット作の『妖怪ウォッチ』は、最初からマンガ連載、テレビアニメ、映画、ゲーム、ノベライズなどで商品化をするために作られた企画として有名。日本で作られたものでなくとも、例えば『アナと雪の女王』でも出版分野では書籍化、ノベライズが進められ、大きな売り上げを残している。

「こどもの読書を推進する活動」は主に小学校で行われている。これは、読書習慣を根づかせるための活動で、具体的にはこどもに読書量の目標を与えたり、自分で決めさせたりすることが多い（活動の内容は学校により異なる）。例えば、「1か月に500ページ以上読む」など掲げた目標をクリアできるように学校図書などを読む。

ただ、読書がノルマ化することもあり、こどもが自発的に本を選んで読むことに直結しているとは言い切れない。実際、**中・高校生の読書量**が、

詳細なイラスト・写真： 分かりやすさを追求するため、生き物のイラストを全て実物大で掲載した図鑑（『ほんとのおおきさ動物園』学研プラス）や、動物や乗り物などを同じ縮尺で描き、大きさの比較をしやすくした図鑑（『小学館の図鑑NEO くらべる図鑑』小学館）なども好評でいずれもシリーズ化されている。

クロスメディア： 一つのコンテンツを、複数のメディアで商品化し総合的な売上増を狙うこと。例えば『妖怪ウォッチ』では、マンガ連載からスタートして、ゲーム、テレビアニメ、アニメ主題歌発売、グッズ化、映画化、他の商品とのCMコラボなど非常に多岐にわたっている。出版社がクロスメディアに参加する際は雑誌連載、マンガ書籍化、ノベライズ（小説化）、公式ガイドブック発行などが一般的。

中・高校生の読書量： 前出の調査では中・高校生の読書量も調べているが2015年の結果では、中学生が1か月に4.0冊、高校生に至っては1.5冊となっている。ここ10年で見ても、中学生はわずかに増加しているが、高校生ではほぼ横ばいだ。

小学館の図鑑NEO

動く図鑑MOVE

サバイバルシリーズ

それぞれ小学生の3分の1、7分の1程度に下がってしまうことを見ても、読書習慣が定着していないことを示している。

こどもを読者対象とした本について最後に一つ、近年非常に大きな話題となった、「学年誌」の**休刊**について説明しておきたい。

かつて「学年誌」や「学年別学習雑誌」と呼ばれる、学習情報とマンガや雑誌によってはエンターテインメント情報を1冊にまとめた雑誌が、小学生を対象に発行されていた。

これは特撮・アニメや人気の芸能人など、こどもの共通の話題となる情報と主要4科目の学習方法や実際の問題を掲載した、こどものための総合情報誌と呼ぶべきものだ。1980年代までは小学生の情報源の筆頭といってもいいほど広く読まれていた。代表的なものは出版最大手の一つ、**小学館の学年誌**で各学年ごとに6種類が発行されていた。ほかに発行部数が多いものでは、教育関係書の大手、学研が発行していた**『科学』**と**『学習』**の2冊がある。『科学』と『学習』はマンガや小説は掲載されていたがテレビなどの情報はなく、学習に焦点を置いていた。

ともに1900年代初頭から半ばにかけて創刊された非常に歴史の長い雑誌であったが、1990年代以降急速に部数を減少させていく。

原因として少子化ももちろんあるが、情報源の多様化に伴い求められる情報が細分化されていったためと考えられる。つまり学習は学習の専門書に、その他の情報はネットやローティーン向けファッション誌など専門の雑誌に吸収されたのだ。

これは大人向けの雑誌で見られてきたことだ。かつては大人向けにも広く情報を扱う総合誌が存在したが、今ではほぼ淘汰されている。マネーなど生活情報分野、趣味や嗜好の分野ごとにさらに内容を細分化した雑誌が主流だ。特に女性誌では読者の年齢ごと、既婚・未婚、仕事などライフスタイルごとに激しく分化が進んでいる。

このようなことが原因で学年誌は2000年代に相次いで休刊する。休刊前には『小学六年生』が時代に合わせ、アイドル誌やファッション誌のような紙面のデザインに変更したことが話題となったが、部数低下を食い止めることはできなかった。時代の変化の中でニーズ・市場自体が消えてしまっていては、試行錯誤を繰り返そうとも対応策はあまりない。特に歴史のある雑誌では、その雑誌の持つ「ブランドイメージ」が、内容を作り替えることの障害になる。

なお現在でも『小学一年生』『小学二年生』の2誌は継続している。さらに未就学児を対象とした雑誌も発売されているが、これは低年齢層はネットなどの情報源にアクセスできないこと、また年齢的に、細分化した情報をあまり求めていないためと思われる。

（雑誌の）**休刊**： 雑誌の世界では、発行を取り止めることを休刊と呼ぶことが多い。休刊とは、対外的には一旦発行を中断し、内容や発行形態を見直すこととしているが、実際は再発行されることはきわめてまれで廃刊（発行を完全に終了させること）と同義と考えてよい。

小学館の学年誌（『小学一年生』～『小学六年生』）： 創刊は1920年代と、大正時代にスタートした、学習とエンターテインメント情報、マンガなどを掲載した総合誌。学習面ではベネッセの『進研ゼミ小学講座』と競合となるが、小学館の学年誌は書店で購入できた。『ドラえもん』や『とっとこハム太郎』が世の中に最初に出たのがこの学年誌での連載。『小学三年生』～『小学六年生』は2009～2012年にかけて休刊となった。

『科学』と『学習』： 『科学』は理科と算数、『学習』は社会と国語を扱う学習誌として、両誌とも1946年に創刊された。特に顕微鏡、岩石標本セットなどの『科学』の付録はこどもたちの人気を集めた。最盛期は月販670万部と出版史に残る販売部数となった（『学研の科学』50年史』学研科学創造研究所）。しかし、こどもの嗜好の変化、少子化に伴い2009～2010年に両誌とも休刊している。

2 親を読者対象とした出版物

次に親を対象とした出版物について解説する。まずこの分野で第一に考えなければならないのが、家計状況や景気、また教育を取り巻く環境などに常に左右され続ける親の育児方針だ。これはこども自身が選ぶ出版物では関係ない要素だが、親には非常に大きな影響を与える。親はこの分野の出版物を趣味として読むことはない。わが子の学力や進路、生活習慣やしつけ、心の成長にどれだけよい影響があるか、つまりこどもと親自身にメリットがあるかどうかで購入するものを選ぶ。作り手側は時代の変化の中で「どんなメリットを与えるために」「どの情報が必要とされているか」を考えなければならない。

昭和から現代にかけて、親のこどもへの教育に関する意識は様々に変化し続けてきた。過去には1970～1980年代にかけての詰め込み教育批判からの**ゆとり教育**の導入、さらにそのゆとり教育から教育重視への揺り戻しという流れが親の関心を集め、出版業界にも影響を与えた。

詰め込み教育が批判を集めた時期は、いじめや登校拒否、また大学受験の激化がこどもに与えるストレスなどがメディアの注目を集めた。この頃登場した親向け雑誌に『PHPのびのび子育て』（PHP研究所、1987年創刊、現在も発売中）がある。これはその名の通り、勉強から離れこどもの心を育てることをテーマとした雑誌で、こどもに対して自分のこと以上に心配しがちな親、特に母親のニーズに応えたものといえる。また1990年代には当時話題になり始めたナチュラル・オーガニックといった分野と、自然な子育てを融合させた『クーヨン』（クレヨンハウス、1996年創刊、現在も発売中）のような雑誌も登場している。

現在もこのような出版物が一定の支持を集めているが、多くの親が強い不安を感じているのがこどもの学力であることは間違いない。1990年代から大学進学率は上昇を続け、高卒での就職が過半数であった親世代と大きく変化した。また、学力の低下が数字として見えてくると、当初は目立たなかったゆとり教育への批判も無視できないものとなってくる。2006年に国際的な学力調査である**PISA**の結果が大きく下がり「PISAショック」とメディアでも大きく報じられたのだ。

このような公立校での教育の不安は、国立や私立の**中高一貫校**人気に結びついた。バブル崩壊後の景気回復傾向とも相まって2000年代に上昇を続けていた**中学受験率**は、2008年にピークを迎える。また中学受験をしない家庭でも、将来の大学受験を見据え、ゆとり教育ではカバーし切れない基礎学力の充実を望む親が増加した。これには、少子化に伴い一人のこどもに経済的、時間的に手間をかけやすくなったことも関係している。

ゆとり教育：それまでの詰め込み教育への反省として、1980年代から段階を経て国公立小学校～高校で実施された教育内容の見直しのこと。その名の通り「ゆとり」を作るため、完全週5日制導入など学習量の削減が行われた。しかし、2000年代に入りこどもの学力低下が問題視されるようになったため教育内容が見直され、小学校では2011年度に終了した。

PISA（Programme for International Student Assessment）：経済協力開発機構（OECD）が進めている国際的な学生の学習到達度調査のこと。2000年度の調査で日本は数学的リテラシー、科学的リテラシーの項目でそれぞれ1位と2位であったが、調査を経るごとに下がり続け2006年度では10位と5位になった。その後、教育的な取り組みが行われ、2012年度は7位と4位に上昇している。

中高一貫校：中学と高校の6年間で一貫教育を行う学校。ほとんどが私立で、数は少ないが国立と公立もある。受験が必要で国立・私立校の入学希望者の多くは3年間塾通いをする。通塾費用がかかるうえに、入学した後、私立の一貫校では6年間で300～500万円程度の学費がかかる。国立・公立一貫校は学費が安い。

中学受験率：その年の小学6年生の中で中学受験をする子の割合。首都圏の国立・私立中高一貫校の受験率は2008年の14.8％をピークにリーマンショック以降の景気低迷が大きな原因となって緩やかに下がり続けてきた。ただ2014～2015年は12.3％と横ばいになっている（森上教育研究所調べ）。また難関大学への良好な進学実績を見せている公立中高一貫校も受験倍率6.4倍（2015年度の都内11校の平均）と人気が高い。

このような親の教育への不安、学習志向を捉えて、2005～2006年に続々と創刊されたのが、小学生の親を対象とした**教育を柱にした子育て雑誌**だ。主だったものだけでも、『日経Kids+』(日経BP社)、『プレジデントFamily』(プレジデント社)、『edu』(小学館)、『AERA with Kids』(朝日新聞出版)などがある。ほぼ同じ読者層に向けられたこれら4誌は、それぞれ**独自の読者**を獲得するために、若干の**住み分け**がなされていた。東大や私立一貫校の開成、灘など難関校合格者の声を多く載せる最も教育志向の『プレジデントFamily』、家庭学習の具体策など公立中学進学予定の家庭も取り込む『AERA with Kids』、この2誌よりこどもとのあそび、しつけなどにシフトさせた『日経Kids+』『edu』といった具合だ。

先行するこれら4誌の好調な売れ行き状況を見て、他の複数の出版社からも定期刊、不定期刊での雑誌や**ムック**が多数発売された。

これら複数の出版社がほぼ同時に動いたのは、こどもの学力や進学に腐心する親が多いこと、つまり大きな市場があると判断したためだ。雑誌に限らず、2000年代半ばからは、中学受験をさせた親の経験談をまとめた書籍も多数発売された。

ただ関心は教育一辺倒というわけではない。人間の考えや行動は、一つの方向に向かうと時間を置いて揺り戻しが起こりがちで、親向けの出版物でもこの傾向が見られる。こどもの教育やしつけに失敗してはいけないと自分自身を追い込み、悩む親に向けた出版物の増加だ。特に『子育てハッピーアドバイス』(1万年堂出版)は、「してはいけない」「しなければならない」といった追い込む言葉を排除した、親を肯定する言葉を並べた書籍で、特に一人で子育ての悩みを抱え込みがちな母親を中心にヒットし、シリーズ累計400万部に達している。

これまでに述べた、2000年代初頭からの教育熱は当時に比べ落ち着きを見せている。『「灘→東大理III」の3兄弟を育てた母の秀才の育て方』(KADOKAWA)など、わが子に応用できる具体的なメソッドを載せた難関

教育を柱にした子育て雑誌：現在では一時の教育熱が落ち着き始めており、『日経Kids+』が2010年に、『edu』が2016年にそれぞれ休刊している。『日経Kids+』は定期刊の雑誌は取り止めたが、子育ての情報をテーマ別にまとめて発行している。

独自の読者：雑誌の場合、あまり一つの内容に特化すると企画が絞られすぎて定期的に発行する障害となるので、複数の特集で内容を分ける。勉強の特集のほかにあそびやしつけ、健康企画を入れるなどである。ただしその雑誌の最も大きい特集はその雑誌の性格、読者の印象を決めるので、軸を動かさない。

住み分け：同じ読者層を対象とした雑誌でも、最も読者数を獲得できるのはどの内容かという判断は、雑誌によって異なる場合もある。また対象読者数が多い場合は読者の環境、性格ごとにそれぞれの雑誌の内容を少しずつ変え、読者の奪い合いによる消耗戦を避けることもある。

ムック：雑誌と書籍の性格を併せ持った出版物。デザインは雑誌と変わらず広告ページも入るが、定期刊行しなくてもよく書店の店頭から一定期間でなくなることもない。

日経Kids+

プレジデントFamily

edu

AERA with Kids

校受験の体験談がヒットしているが、体験談は展開に限界があり継続は難しい。こどもを取り巻く出版物は今のところ大きな方向性を探している段階だ。特に教育関連では、2020年度以降に変革される大学入試制度に向けて、読者の関心がどう動いていくかを注意深く観察することが一つのヒントになるだろう。

参考文献
『AERA with Kids』各号
『動く図鑑 MOVE』各巻
『edu』各号
『サバイバルシリーズ』各巻
『小学館の図鑑 NEO』各巻
『日経 Kids+』各号
『プレジデント Family』各号

Check
- ☐ こどもを取り巻く出版物にはどのような種類があるか述べましょう。
- ☐ 小学生の読書量について述べましょう。
- ☐ こどもに本を読ませるため、出版社が行っている取り組みを挙げてみましょう。
- ☐ 小学生から中学・高校生にかけての読書量の変化について述べましょう。
- ☐ 「学年誌」が衰退した理由について述べましょう。
- ☐ こどもが読む本とこどもの親が読む本の違いについて説明しましょう。
- ☐ 1970年代から2000年代かけての学校教育の変化について述べましょう。
- ☐ ゆとり教育が終了していく原因について説明しましょう。
- ☐ 教育志向の親に向けて出版された本について述べましょう。
- ☐ 教育関連で出版社が注目するポイントについて述べましょう。

7 こどもの食事情

　外食産業元年と呼ばれる1970年以降、わが国の食生活は「洋風化」「簡便化」や「外部化」などへと大きく変貌した。その背景には、所得水準の向上、モータリゼーションの発展や余暇時間の増大などが挙げられるが、今日では核家族化や女性の社会進出に伴い、料理の簡便化が一層進んだことや調理済み商品が一般に普及したことなども加えられる。

　社会の動きに合わせ、食の外部化が進み、食環境が変化したことから、こどもの成長にとって大切な「食」を取り巻く事情も大きく変化し、偏った栄養摂取、朝食の欠食などの食生活の乱れ、小児期における肥満や思春期におけるやせの増加など、健康面での問題にも多大な影響を及ぼすようになっている。

　「人」に「良い」と書いて「食」。本来、食は動物が生命を維持するために栄養をとることが目的であるが、食の実行には楽しさが伴う。楽しい食を通じて、こどもの健やかな心と身体が育まれる。消費者の節約志向が根強い中、食費の負担は大きくとも、削れない、手を抜けない、家計の重点課題でもある。

　本章では、基本的な食の役割と食育の考え方を学ぶとともに、近年のこどもの食事情に至るまでを多面的に見ていきたい。

1 食の役割と食育

　「腹満たしの食」から「より美味しいものを、より雰囲気のよい中で」の飽食・グルメの時代を経て、健康食にシフトする環境下で、家族の健康とこどもたちの未来のために食生活を主とした生活習慣を正しく導く「食育」に注目が集まっている。

　「食育」の語源は、古く明治時代にまでさかのぼるが、近年、食の乱れや生活習慣病の増加など、食生活の様々な問題点から改めて注目され、広まった言葉である。私たちの心や身体の健康を支えている食生活の大切さや伝統的な食文化、食品の生産現場から食卓に届き私たちの口に入るまで、食に関する正しい知識と望ましい食習慣を身につけることができるよう、学校において総合的に勉強していこうと、わが国では2005年6月に「**食育基本法**」が成立した。この食育基本法に基づいた『平成27年版　食育白書』（内閣府）によれば、食育は、「生きる上での基本であって、知育、徳育と体育の基礎となるべきものと位置付けられるとともに、様々な経験・体験を通じて、『食』に関する知識と『食』を選択する力を習得し、

「食育」の語源：明治時代、日本の陸軍で薬剤監、軍医を務めた石塚左玄が1898年の著書『通俗食物養生法』の中で、「体育智育才育は即ち食育なり」と造語として用いたことに始まる。さらに石塚の著書を読んだ村井弦斎が、自著『食道楽』（1903年から新聞に連載され、単行本が当時ベストセラーとなった）の中で、「小児には徳育よりも、智育よりも、体育よりも、食育がさき。体育、徳育の根元も食育にある」と記したことにより一般に知られるようになった。

食育基本法：国民が健全な心身を培い、豊かな人間性を育むための食育を推進し、関係者の責務を明らかにするとともに、施策を総合的かつ計画的に推進すること等を目的として、2005年6月に公布され、同年7月施行された。

健全な食生活を実践することができる人間を育てるものとして食育の推進が求められる」とされている。つまり、老若男女にかかわらず、日々の食べ物が私たちの身体のもととなり、成長させ、営みの活動源となり、病気への抵抗力を創出するので、「考えながら食べる」眼力が必要不可欠となるのである。

さらに、近年において、食育は乳児・幼児やこども向けに盛況である。なぜならば、食に対する知識や経験が不十分であり、自らが判断する力を持ち合わせていないことから、家庭・保育所・幼稚園・小中学校や地域社会などでの幅広い指導が必要だからである。

食行動の原点でもある「家庭の食卓」にも、以前と比べて、「**こ食**」「**偏食・欠食・間食**」や「**飽食**」など、著しい変化が指摘されている。その影響を心身両面においてまともに受けるのがこどもたちであり、成長後の食行動を考えた場合、食育およびこども文化・こどもビジネスにおける大きな課題と捉えることができるであろう。

2 こどもの食事情と食ビジネス

こどもたちにとって望ましい食生活実現のためには、現代のこどもたちの食事情を知らなければならない。また、その食を提供している市場の動向を把握することも必要である。ここでは、乳幼児期の食育の一端を担う「粉ミルク市場」と「ベビーフード市場」を学んだうえで、「菓子・デザート市場」、さらに外食産業に位置づけられる「給食ビジネス（保育所給食、学校給食）」について考察を進める。最後に、近年のこどもの食事情として取り上げられることの多い「誤飲と食物アレルギー」「こどもの貧困率」「フードバンク」や「こども食堂」といったキーワードについて解説する。

1）粉ミルク市場

戦後、食糧難の時代においては、母乳だけでは栄養が足りず、また調製粉乳の製造技術が進歩したことによって、母乳よりも栄養価が高い粉ミルクが推奨された時期があった。さらに、アメリカでの粉ミルクブームの影響を受け、1950年頃から人工栄養が増加し続けたが、WHOが1974年に国連で母乳育児推進についての勧告を出したことから、わが国においても1975年から母乳推進運動が展開された。

しかし、仕事を持つ母親の増加により、乳幼児を保育所に預けなければならない状況に加え、乳幼児向けの加工食品に対する抵抗感の薄れなどから、少子化の流れの中でも一定の需要を保っている。また、中国人を中心とした訪日外国人が日本の安全な粉ミルクを大量に買い求めるなど、土産需要が粉ミルク市場拡大をけん引している。今後も、政府による保育所の拡充をはじめとした少子化対策や訪日外国人の倍増策などによって需要は

こ食：
- 個食：家族が自分の嗜好に合わせ好き勝手に食べたいものだけを別々に食べる。
- 孤食：一人で食べる。
- 固食：いつも決まったものしか食べない。食べるものが同じ。
- 小食：ダイエットなどの理由で必要以上に食事の量を制限すること。
- 粉食：パン、うどん、パスタやピザなど、粉を原料としたものばかり食べること。
- 濃食：濃い味つけのもの。塩分の過剰摂取や味覚障害を引き起こす原因につながる。
- 子食：こどもだけで食べる。
- 巨食：大量・多量に食べる。

偏食・欠食・間食：
- 偏食：好き嫌いのことで、食物から摂取する栄養素が偏っていること。
- 欠食：食事を抜くことで、食事のリズム・食生活そのもののリズムが崩れること。
- 間食：食事と食事の合間に清涼飲料水やスナック菓子などをとる食事で、これが肥満の原因となり、問題点とされている。

比較的堅調に推移すると考えられよう。

2）ベビーフード市場

今日、**ベビーフード**は、乳児・幼児の成長段階や離乳の状況によって多くの異なった種類の商品が、多くのメーカーによって販売されている。働く女性の増加に伴い、調理する手間が省け、栄養バランスも考慮されたベビーフードは非常に便利で、その需要はますます高まるものと推察される。

また、最近は離乳完了期である1歳以降をターゲットとした新商品も増えてきた。これはベビーフードの対象範囲が乳児のみならず幼児向け商品へと広がり、利用者増や利用頻度増が相まって、需要が拡大していることを表している。

さらに、商品開発のキーワードは、忙しい母親の負担を軽減する「手軽で簡単にできる」ベビーフード。例を挙げれば、母親の外出頻度の増加から、持ち運びに便利な瓶詰めタイプや成形容器タイプの需要増が見られ、こうした背景にライフスタイルの変化などが影響しているものと考えられる。また、頻発した食品偽装や異物混入事件などをきっかけに、消費者の「食」に対する安全・安心への意識の高まりから、原材料の産地、有機栽培、無農薬、遺伝子組み換え農産物・添加物・化学調味料の使用の有無や原材料に含まれるアレルギー物質などにも目が向けられるようになっている。こういった志向から、わが子により安全・安心なフードを与えたい親が増え、高級ベビーフードの売れ行きも好調である。

3）菓子・デザート市場

毎年、目新しい商品が次々と投入される菓子・デザート。こどもたちにとって、「おやつ」は毎日の楽しみである。しかし、糖分や油分を多く含む間食をたくさん食べることが習慣化してしまうと、小さな頃から、虫歯や肥満、栄養素の不足など、健康面での問題を抱えることにもなりかねない。このため今日では食育の流れもあり、コンビニのプライベート・ブランドにも、健康志向を意識した商品開発が広がっている。今後も「おいしい」だけではなく、「健康」を謳う商品が増えるものと見込まれる。

一般に、菓子・デザートの市場において、「飴菓子」「チョコレート菓子」「スナック菓子」「ビスケット」「アイスクリーム・シャーベット」や「ゼリー・プリン」などの売り上げは、健康志向、気象や景況感による影響が強いとされるが、原料高による価格アップは大きなマイナス要因となる。昨今では、景況感の好転による商品単価の上昇とキャラクター玩具菓子の売上増、円安に伴う訪日外国人の増加による「土産菓子」の売れ行きが好調で、この市場をけん引している。

4）給食ビジネス

こどもに関わる給食施設の種類は、学校教育を受けている児童・生徒の

ベビーフード：日本ベビーフード協議会の定義によると「『乳児』および『幼児』の発育に伴い、栄養補給を行うとともに、順次一般食品に適応させることを目的として製造された食品」を指す。

昼食としての**学校給食**（図表Ⅱ-7-1）、乳幼児を対象とする保育所給食がある。給食は、家庭の食事に代わり、栄養管理に基づいた食事を提供するものとして、多くの法的な裏づけによって実施されている。

学校給食の経費は、**学校給食法**により「給食の実施に必要な施設設備及び人件費は学校の設置者が負担し、食材料費などは学校給食費として保護者が負担する」とされている。公立学校において保護者が負担した学校給食費は、2014年度の文部科学省の調査によると公立小学校（低学年・中学年・高学年）で、それぞれ月額平均4251円、4271円、4277円、公立中学校で月額平均4882円となっている。

保育所における給食は、児童福祉施設最低基準第11条において、献立はできる限り変化に富み、健全な発育に必要な栄養量を含有することや、食品の種類および調理方法については栄養や身体状況および嗜好を考慮すること、調理は献立に従って行うこととされている。また保育所の運営費の国庫負担金は、入所児童の給食に要する材料費（3歳未満児については主食および副食給食費、3歳以上児については副食給食費とする）および保育に直接必

学校給食：　学校給食は、1889年、山形県鶴岡町（現鶴岡市）の私立忠愛小学校で、貧困家庭の児童を対象におにぎりなどの昼食を配ったことが起源であるとされている。現在では、主として小学校、中学校等で児童や生徒に供される食事のことをいう。大学の学生食堂は含まない。

図表Ⅱ-7-1　学校給食の目標

「学校給食法」が改正された（平成20年6月18日法律第73号）。実に54年振りの大改正。施行は平成21年4月1日。
この法律の第2条に「学校給食の目標」として「7つの目標」が掲げられている。目標実現のため学校給食関係者の一層の努力が求められている。

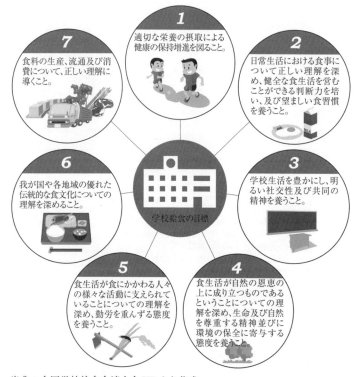

1. 適切な栄養の摂取による健康の保持増進を図ること。
2. 日常生活における食事について正しい理解を深め、健全な食生活を営むことができる判断力を培い、及び望ましい食習慣を養うこと。
3. 学校生活を豊かにし、明るい社交性及び共同の精神を養うこと。
4. 食生活が自然の恩恵の上に成り立つものであるということについての理解を深め、生命及び自然を尊重する精神並びに環境の保全に寄与する態度を養うこと。
5. 食生活が食にかかわる人々の様々な活動に支えられていることについての理解を深め、勤労を重んずる態度を養うこと。
6. 我が国や各地域の優れた伝統的な食文化についての理解を深めること。
7. 食料の生産、流通及び消費について、正しい理解に導くこと。

出典：全国学校給食会連合会HPより作成。

要な保育材料費、炊具食器具や光熱水費等（3歳未満児については月額9804円、3歳以上児については月額6637円）とすると、保育所を運営する各自治体に対し厚生労働省より通知されている。

学校給食の市場規模は、4981億円（前年増加率1.3%、一般社団法人日本フードサービス協会、2015年6月調べ）であった。地方自治体の予算が厳しい中、学校給食の民間委託が進んだことから、新規参入もあり市場は活性化しているが、少子高齢化で生徒数、学校数ともに微減でもあり、市場はほぼ横ばいとなっている。一方、幼稚園・保育所給食は、保育所の在所数の増加傾向から、前年よりも2.0%増の3059億円であった。これは、少子化を背景とした児童の長期的な減少傾向の中、国の方針による待機児童解消に向け、保育所が増加傾向にあることに加え、幼稚園の給食実施率の上昇傾向によるものである。園内調理が原則であった保育所給食は外部委託化が進み、個性化・差別化のために安全・高品質メニューが提供されるようになったことも、市場が堅調に推移している要因に挙げられている。今後も、幼稚園・保育所給食の外部委託は進むと見られている。

5）こどもの食事情―誤飲と食物アレルギー

こどもは、総じて食に関する知識と経験に乏しいため、両親を含む周囲の大人たちが、こどもが口に含むもの全般に対して、日頃から細心の注意を払う必要がある。特に幼児は、口の中に色々なモノを入れてしまう時期があるので、十二分な留意が必要である。

また、食物の摂取で体内に障害を引き起こす反応のうち、食物抗原（異物）に対する免疫学的反応によるものを「食物アレルギー」と呼ぶ。この免疫学的な防御反応は、体内で抗原が入った際に、これらに対する防衛作用から抗体が作られるというもので、その後の抗原侵入に対し、この抗体が良好に働けば、免疫反応から病気発症が抑えられる。しかし、アレルギー体質の人は、その後の抗原の侵入に対して過敏な反応を示し、血圧低下、呼吸困難、全身発赤や意識障害等の様々なアレルギー症状が引き起こされる。こうした原因となる抗原は、「アレルゲン」と呼ばれる。

こどもの食物アレルギーは年々増加傾向にあり、不幸にして給食で亡くなったケースも発生している。学校給食で、アレルギー対策を行う場合、施設の整備にも多額のコストが発生する。しかし食物アレルギーのあるこどもに、安全な食を提供することは、こどもの命を守るために必要不可欠なことであり、学校給食の場合、民間の業者への委託や家庭への協力の要請など、それぞれの学校が様々な方法で取り組んでいる。

6）こどもの食事情―貧困家庭への対策

2014年の国民生活基礎調査によれば、**こどもの貧困率**は16.3%となり、調査開始以来の高い数値となっている。つまり、6人に1人の割合で日常

学校給食法： 1954年に施行され、2009年に大幅に改正された現行法が施行された。まずその第1条において、法の目的を次のように規定している。「この法律は、学校給食が児童及び生徒の心身の健全な発達に資するものであり、かつ、児童及び生徒の食に関する正しい理解と適切な判断力を養う上で、重要な役割を果たすものであることにかんがみ、学校給食及び学校給食を活用した食に関する指導の実施に関し必要な事項を定め、もつて学校給食の普及充実及び学校における食育の推進を図ることを目的とする」。この改正された学校給食法には、「食育の推進」という言葉が加わり、食育の重要性が強調されている。

こどもの貧困率： 国の統計では可処分所得が全体の中央値の半分に満たない場合（2012年は122万円未満）を「相対的貧困＝貧困線」と定義しており、17歳以下でこの数字を下回る人の割合を指すが、この値は年々上昇をしている。

生活に貧困の影響が及んでいるのである（こどもの所得ではなく、こどもが属する世帯の等価可処分所得をもとに計算）。この背景には、母子家庭世帯の急増が見られ、母親の就労が不安定な非正規雇用であるため、家計が苦しく、こどもの食生活にも多大な影響を与えている。困窮家庭におけるこどもたちは、今、支援を必要としているのだ。

そこで、こうしたこどもの食事情の改善に一石を投じる動きとして、「**フードバンク**」による活動や、家で十分な食事がとれないこどもに対し民間のNPOなどによる調理や食材提供、さらに「**こども食堂**」の開設・運営など、官民が連携して食を通じた居場所作りなどの様々な対策が講じられている。

ライフスタイルの個性化・多様化とともに、こどもを取り巻く食事情は、今後も変化を続けるであろう。しかしどのような時代が訪れようとも、未来を担うこどもたちが、心身ともに健全に成長していくためには、安全・安心な食を与えるとともに、食が楽しいものとなるように図ることがこどもの食ビジネスにおいても重要な課題である。

フードバンク：　食品企業の製造・加工の工程で発生する規格外品などを引き取り、福祉施設などへ無料で提供する団体およびその諸活動のこと。

こども食堂：　こどもたちに、無料または格安で食事を提供する食堂のこと。全国各地で誕生しているが、例えば、東京都豊島区のNPO法人豊島子どもWAKUWAKUネットワークでは、地域のこどもを地域で見守り地域で育てることをコンセプトに掲げて、「子ども食堂」「無料学習支援」「プレーパーク」や「子どもシェルター」など様々な活動を展開している。

参考文献

『朝日新聞』2016年6月28日付
『朝日新聞』2016年7月2日付
一般社団法人全国公正取引協議会連合会HP
　　http://www.jfftc.org/rule_kiyaku/pdf_kiyaku_hyouji/010.pdf
一般社団法人全国清涼飲料工業会HP　http://www.j-sda.or.jp/kids/
一般社団法人日本フードサービス協会『平成26年外食産業市場規模推計について』2017年
一般社団法人ファイブ・ア・デイ協会HP　http://www.5aday.net/index.php
梅沢昌太郎・長尾精一『食商品学』日本食糧新聞社、2004年
清野誠喜・梅沢昌太郎編『パッケージド・アグロフード・マーケティング』白桃書房、2009年
公益財団法人食の安全・安心財団附属機関外食産業総合調査研究センター『外食産業統計資料集』2015年
厚生労働省『授乳・離乳の支援ガイド』2007年
厚生労働省『平成25年　国民生活基礎調査』2014年
厚生労働省HP　http://law.e-gov.go.jp/
消費者庁HP　http://www.caa.go.jp/foods/kijun_Itiran.html
鈴木久乃・太田和枝・殿塚婦美子編著『給食管理』第一出版、2010年
特定非営利法人日本フードコーディネーター協会HP　http://www.fcaj.or.jp/
内閣府編『平成27年版　食育白書』内閣府、2015年
日本ベビーフード協議会『ベビーフード自主規格（第Ⅳ版〔改訂版〕）』2008年
日本ベビーフード協議会HP　http://www.baby-food.jp/
農林水産省『我が国の食生活の現状と食育の推進について』2015年
農林水産省HP　http://www.maff.go.jp/
森久美子『「食」と「農」を結ぶ』JC総研ブックレット、2014年
矢野経済研究所『子供市場総合マーケティング年鑑　2015年版』矢野経済研究所、2015年
矢野経済研究所『ベビー関連市場マーケティング年鑑　2016年版』矢野経済研究所、2016年

Krebs, J., *Food : A Very Short Introduction*, 1st ed., Oxford University Press, 2015.（伊藤佑子・伊藤俊洋訳『食―90億人が食べていくために』丸善、2015年）

Check
- ☐ 食育について説明してみましょう。
- ☐ 「こ食」にはどのような食があるのか述べてみましょう。
- ☐ 粉ミルクのメリットを挙げてみましょう
- ☐ 学校給食（小学校・中学校）のメニューを調べてみましょう。
- ☐ ベビーフードのメリットを挙げてみましょう。
- ☐ コンビニ等で販売しているこどもの菓子、デザートを調べてみましょう。
- ☐ ファミリーレストランのこどもメニューを確認してみましょう。
- ☐ フードバンクに賛同する企業をホームページで確認してみましょう。
- ☐ こども食堂の目的について説明してみましょう。
- ☐ 食に関するアレルギーを調べましょう。

索 引

ア 行

RPG	58
旭山動物園	72
預かり保育（延長保育）	24
汗かき	46
あそび	60
アリエス	10
暗黙知	15
EN1176	63
e ラーニング	32
育児休暇	2
印刷メディア市場の縮小	75
院内保育所	24
インバウンド消費	49
エデュテインメント	58, 70
M＆A	36
大型投資	67
おもちゃ学芸員	54

カ 行

海賊版対策	59
海洋基本法	44
『科学』	77
核家族化	25
『学習』	77
学童保育	27
隠れたメッセージ	13
菓子・デザート市場	83
学校給食	84
学校給食法	84
家庭的保育事業	25
株式公開買い付け	34
株式上場	33
Cultural Competence	16
河合塾	35
間食	82
環太平洋経済連携協定	15
木育	55
キッザニアの世界展開	70
『キッザニア白書』	71
キッズビジネス	6
キャラクタービジネス	57
休刊	77
給食ビジネス	83
教育を柱にした子育て雑誌	79
クールジャパン	59
グッド・トイ選定事業	53
公文教育研究会	35
クロスメディア	76
形式知	15
欠食	82
原作品	58
誤飲	85
こ食	82
子育てからのリフレッシュ	26
子育て支援	2, 25
コト消費	65
こども	6
こども産業	6
こども食堂	86
子供の学習費調査	5
こどもの「靴」	47
こどもの貧困率	85
こども服	45
こども文化	59
粉ミルク市場	82
個別指導式学習塾	33
娯楽	60
コンテンツ	56
コンテンツ産業	56

サ 行

笹川スポーツ財団	41
サブカルチャー	59
参加型展示	72
36の動き	62
3世代消費	69
サンリオピューロランド	68
自尊感情	13
室内あそび場「キドキド」	62
指定管理制度	43

児童中心主義	11	伝承玩具	53
児童の権利に関する条約	13	東京おもちゃ美術館	53
自文化中心主義	16	東京ディズニーシー	66
シュタイナー	53	東京ディズニーランド	66
出生動向基本調査	5	TOEIC	37
ジュニア服	45	都心回帰	26
小1の壁	27	トドラー服	45
小学館の学年誌	77	友達親子	12
商品化権	57		
将来推計人口	5		

ナ 行

食育	81	内発的な動機づけ	61
食育基本法	81	ナガセ	34
食物アレルギー	85	習いごと	37
人口動態統計	41	NEW レオマワールド	69
新生児（期）	46	認可外保育施設	22, 24
スキャモンの発育発達曲線	60	認可保育所	23
スポーツ施設	40	人間力	28
スポーツライフ・データ	41	認定こども園	24
スポンサード	70	年少人口	4
生産年齢人口	4		

ハ 行

青少年育成団体	40	バービー人形	13
政府発表の統計データ	38	ハウステンボス	68
世界保健機構	62	肌着	46
セカンドシューズ	49	八景島シーパラダイス	67
潜在待機児童	22	B＆G地域海洋センター	43
増進会出版社	34	PISA	78
		BIG CHANGE	7

タ 行

大学進学率	36	一口館長制度	55
大学全入化	33	病児	25
待機児童問題	2	ファーストシューズ	49
体験型展示	72	ファミリーサポート	24
多文化主義	16	フードバンク	86
多民族国家	17	付加価値	50
団塊の世代	32	フランチャイズ	30
誕生祝い品	55	ブルーシー・アンド・グリーンランド財団	43
父子消費	59	フレーベル	53
中学受験率	78	プレシューズ	48
中高一貫校	78	ブロードバンド	58
中・高校生の読書量	76	プログラム	73
超自我	15	文化実践	15
テーマパーク	65	文化政策	59
手塚治虫	57	ベトナム戦争	17
デューイ	11	ベビーシッター	25

ベビーフード市場	83
ベビーブーム	3
ベビー服	45
ベビーホテル	25
偏食	82
保育の必要性	23
保活	2

マ 行

民間学童保育サービス	28
ムック	79
メディアミックス	58
メディアリテラシー	11
モノ消費	65
モンテッソーリ	53

ヤ 行

遊園地	65
遊具の安全に関する規準	63
ゆとり教育	78
ユニバーサル・スタジオ・ジャパン	66
幼稚園	23
余暇	65
よちよち歩き	48

ラ 行

ライセンスビジネス	57
ライフサイクル	11
リスーピア	73
リスクマネー	59
レイティングシステム	12
レゴ	71
レゴムービー	71
レゴランド	72

執筆者一覧

白土　健　　大正大学人間学部教授（ホスピタリティ論）　　Ⅰ-1、Ⅱ-7

多摩大学大学院経営情報学研究科博士前期課程修了（修士）。株式会社プリンスホテル、財団法人日本ホテル教育センター企画開発室、シダックス株式会社社長室勤務、育英短期大学専任講師、松蔭大学教授を経て、現職は大正大学人間学部教授

主要著書：『なぜ、子どもたちは遊園地に行かなくなったのか？』（共編著）創成社新書、2008年

『実学・観光産業論』（共著）プラザ出版、2009年

『観光を学ぶ』（共編著）八千代出版、2015年

『エクセレント・サービス＋（プラス）』（共著）創成社、2016年

太田　実　　松蔭大学観光メディア文化学部准教授（観光産業論）　　Ⅱ-5①

立教大学大学院観光学研究科博士前期課程修了（修士）。株式会社矢野経済研究所上級研究員、松蔭大学准教授を経て、現職は拓殖大学商学部准教授（兼任にて大正大学人間学部特任准教授）

主要著書：『ベンチャー起業論』（共編著）税務経理協会、2007年

『国内旅行業務取扱管理者』（単著）マウンハーフ出版、2015年

『観光を学ぶ』（共著）八千代出版、2015年

『新現代観光総論』（共著）学文社、2015年

深谷　野亜　　松蔭大学観光メディア文化学部准教授（こども社会学）　　Ⅰ-2

上智大学大学院文学研究科教育学専攻博士後期課程単位取得満期退学

主要著書：『育児不安の国際比較』（共著）学文社、2008年

『日本の教育を考える―現状と展望（第3版）』（共著）学文社、2016年

鵜川　晃　　大正大学人間学部准教授（異文化共生）　　Ⅰ-3

大正大学大学院人間学研究科　博士（人間学）

主要著書：『滞日外国人支援の実践事例から学ぶ多文化ソーシャルワーク』（共著）中央法規出版、2012年

『あなたにもできる外国人へのこころの支援　パートⅡ　立場で違うこころの問題』岩崎学術出版、2016年

中尾　亮資　　株式会社小学館集英社プロダクション法務部部長　　Ⅱ-1①

青山学院大学法学部卒

三沢　敦子　　株式会社キッズベースキャンプマーケティングチームゼネラルマネージャー　　Ⅱ-1②

法政大学法学部卒

執筆者一覧

望月　義人　　筑波学院大学経営情報学部教授・文化学園大学特任教授(マネジメント論・ツーリズム論)　　Ⅱ-2 ①
　名古屋大学大学院経済学研究科博士前期課程修了
　主要著書:『観光を学ぶ』(共編著)八千代出版、2015 年
　　　　　　『メディア学のすすめ(改訂版)』人間社、2016 年

遠藤　卓男　　公益財団法人ブルーシー・アンド・グリーンランド財団事業部専任部長　　Ⅱ-2 ②
　國學院大学経済学部卒

伊集院弘和　　三起商行株式会社(ミキハウス)営業統括本部百貨店事業部第 2 部部長　　Ⅱ-3
　慶應義塾大学経済学部卒

橘高　春生　　認定 NPO 法人日本グッド・トイ委員会東京おもちゃ美術館チーフディレクター　　Ⅱ-4 ①
　青山学院女子短期大学専攻科児童教育専攻修了

中島　　智　　東京立正短期大学現代コミュニケーション学科専任講師(観光学・文化政策・地域文化論)　　Ⅱ-4 ②
　同志社大学大学院総合政策科学研究科博士課程後期課程中途退学
　主要著書:『観光文化と地元学』(共著)古今書院、2011 年
　　　　　　『観光を学ぶ』(共著)八千代出版、2015 年

村上　裕子　　株式会社ボーネルンド取締役兼広報室長　　Ⅱ-4 ③
　立教大学社会学部卒

関口　陽介　　KCJ GROUP 株式会社キッザニア経営企画本部ブランド管理部部長
　　　　　　　兼キッザニア事業本部営業部部長　　Ⅱ-5 ②
　立教大学大学院ビジネスデザイン専攻修了　　MBA
　主要著書論文:『観光のビジネスモデル』(共著)学芸出版社、2011 年
　　　　　　　「キッザニアでの就業体験が学生に及ぼす影響―社会人基礎力とコミュニケーションスキルの視点から」『日本観光研究学会全国大会学術論文集』第 29 巻、41-44 頁、2014 年

橋本　　明　　株式会社朝日新聞出版生活文化編集部　　Ⅱ-6
　金沢大学大学院理学研究科修士課程中途退学

井戸　大輔　　東京交通短期大学運輸科准教授(マーケティング論・流通論・観光事業論)　　Ⅱ-7
　日本大学大学院商学研究科博士後期課程満期退学　　修士(商学)
　主要著書:『パッケージド・アグロフード・マーケティング』(共著)白桃書房、2009 年
　　　　　　『現代商業学』(共著)慶應義塾大学出版会、2010 年

こども文化・ビジネスを学ぶ

2016年9月30日第1版1刷発行

編 者 ― 白土 健・太田 実
発行者 ― 森 口 恵美子
印刷所 ― 松 本 紙 工
製本所 ― グリーン製本
発行所 ― 八千代出版株式会社

〒101-0061 東京都千代田区三崎町2-2-13
TEL 03-3262-0420
FAX 03-3237-0723

＊定価はカバーに表示してあります。
＊落丁・乱丁はお取換えいたします。

Ⓒ T. Shirado and M. Ota et al., 2016
ISBN 978-4-8429-1687-3